سرگذشت توسعه در ژاپن و توسعه‌ی ناموزون در ایران

مرضیه عسگری‌وش

نشر استورنوس
www.sturnus-verlag.de
۹۷۸_۳_۹۴۶۴۵۱_۲۶_۶

عنوان کتاب: سرگذشت توسعه در ژاپن و توسعه‌ی ناموزون در ایران

نویسنده: مرضیه عسگری‌وش

طرح روی جلد: سیدرامین سیدی ابندانکشی

© نشر استورنوس – ژوئیه ۲۰۲۱

شابک ۶–۲۶–۹۴۶۴۵۱–۳–۹۷۸

حق انتشار در اختیار نشر استورنوس است ۲۰۲۱

www.sturnus-verlag.de

برای اطلاعات انگلیسی به انتهای کتاب مراجعه کنید.

فهرست

مقدمه

شکسـت فاجعه‌آمیـز روسـیه از کشـور کوچـک و دورافتـاده‌ی ژاپـن در سـال ۱۲۸۴ش/۱۹۰۵م، به‌طـور ناگهانـی نگاه‌هـا را در ایـران بـه آن‌سـوی آب‌هـای اقیانـوس آرام جلـب کـرد. بـرای ایـران کـه دو مرتبـه در سـال‌های ۱۸۰۱/۱۱۸۰ و ۱۸۲۸/۱۲۰۷ در جنـگ بـا روسـیه متحمـل شکسـت‌های سـنگینی شـده بـود و درنتیجـه بـا امضـای معاهـدات گلسـتان و ترکمن‌چـای بخـش زیـادی از خـاک خـود را از دسـت داده بـود، شکسـت روسـیه از کشـوری ثالـث شـگفتی‌آور بـود. از ایـن رو و از آن زمـان تابه‌امـروز ژاپـن بـا ویژگی‌هـای اغراق‌شـده بـه یکـی از الگوهـای پیشـرفت ایـران تبدیـل شـده اسـت. ایـن نـوع نـگاه بـه ژاپـن، در میـان مسـئولان ایـران در سـال‌های اخیـر نیـز دیـده می‌شـود. به‌طوری‌کـه در اوایـل دهـه‌ی ۸۰ شمسـی یکـی از نماینـدگان مجلـس شـورای اسـلامی، ایـران را در آینـده یـک ژاپـن اسـلامی نامیـد. کم‌خوابـی، پـرکاری، هـوش سرشـار، آداب اجتماعـی بی‌نظیـر و بسـیاری دیگـر از مؤلفه‌هـای فرهنگـی ژاپـن بارهـا و بارهـا محـل بحـث و گفت‌وگوی تحلیل‌گـران ایرانـی بـوده اسـت. بسـیاری از تحلیل‌هـای موجـود دربـاره ایـران و ژاپـن حـول مفاهیـم فرهنگـی چرخیـده اسـت و توسعه‌نیافتگی ایـران در مقایسـه بـا ژاپـن بـه تفاوت‌هـای فرهنگـی ربـط داده شـده اسـت. «مثـل ژاپنی‌هـا رفتـار کـردن» حتـی در ادبیـات عامیانـه و روزمـره مـردم ایـران دیـده می‌شـود. همچنیـن در سـال‌های اخیـر خبرهـا و فیلم‌هـای عذرخواهـی مسـئولان ژاپنـی، طـرز اسـتفاده از وسـایل حمل‌ونقـل عمومـی، مراکـز آموزشـی فوق‌پیشـرفته و ازاین‌دسـت، در شـبکه‌های مجـازی ایرانـی دست‌به‌دسـت می‌گـردد. همچنیـن سـؤال دیگـری کـه

در برخورد با ژاپن برای ایرانیان بارها در پژوهش‌های توسعه طرح شده است این است که کشور ایران با داشتن منابع عظیم نفت و گاز چگونه نتوانسته است در مقایسه با کشور ژاپن که از منابع طبیعی بسیار کمتری برخوردار است، پیشرفت و ترقی داشته باشد. در بعد جهانی، برای برخی از کشورهای توسعه‌نیافته‌ی آسیایی، ژاپن اولین کشور آسیایی است که در موج توسعه‌یابی همراه با کشورهای غربی توانست توسعه یابد و در حال حاضر به‌عنوان چهارمین قدرت اقتصادی جهان پس از ایالات متحده امریکا، اتحادیه‌ی اروپا و چین مطرح باشد. ازاین‌رو، برای پاسخ به ادعاهای فرهنگی توسعه در ژاپن و عدم آن در ایران شاید لازم باشد به تحلیلی نوین برای مخاطب ایرانی پرداخته شود.

شکست‌های پیاپی از روسیه در آغاز قرن نوزدهم و برخورد با نظام جهانی موجب شد ایرانیان چه در سطح جامعه و چه در سطح حکومتی به دنبال حل بحران‌های سیاسی و اقتصادی خود باشند و برای این منظور راه‌های مختلفی را به بوته‌ی آزمایش بگذارند. به‌عنوان مثال اصلاحات عباس‌میرزا، امیرکبیر و سپه‌سالار در دوران قاجار، جنبش مشروطه، مدرن‌سازی رضاخان، ملی‌شدن صنعت‌نفت و تحولات ۱۳۵۷ به‌عنوان نقاط عطف تاریخ سیاسی ایران با هدف تغییر شرایط عقب‌ماندگی اتفاق افتادند. با این وجود ایران در زمره‌ی کشورهای توسعه‌نیافته قرار می‌گیرد و شناخت دلایل عدم‌توسعه‌ی آن یکی از ضرورت‌های محافل علمی است. گرچه تلاش‌های زیادی برای بررسی توسعه در ایران و در مقایسه با کشور ژاپن صورت گرفته است اما بسیاری از آن‌ها یا گرفتار نگاه‌های فرهنگی شده‌اند و یا برخی بدون درنظر گرفتن تاریخ توسعه‌ی هر دو کشور، نقش ارتباط بین‌المللی کشورها در توسعه را نادیده انگاشته‌اند. دراین‌میان برخی پژوهش‌ها با دیدگاه انتقادی به پدیده‌ی توسعه‌نیافتگی در ایران با رویکردهای مکتب وابستگی و سیستم جهانی نیز دیده می‌شود که ایران را در بستری تاریخی و در ارتباط با نظامی جهانی تحلیل کرده‌اند که از ارزش بسیاری برخوردار هستند. کتابِ پیش‌رو با نقدی بر نظریات غالب فرهنگی و لیبرالیستی توسعه‌ی ایران و کشورهای جهان سوم

آغـاز می‌شـود و سـعی در جایگزیـن کـردن نظریـه‌ای دقیق‌تـر بـرای فهـم دلایـل تاریخـی توسعه‌نیافتگی کشـور ایـران در مقایسـه بـا ژاپـن دارد. بـا شـرحی کـه در آینده خواهـد آمـد، خواهیـم دیـد کـه ایـران هماننـد کشـور ژاپـن دارای ظرفیت‌هـای بسـیاری بـرای ترقـی اسـت؛ ماننـد جامعـه‌ای پویـا، جنبش‌هـای اجتماعـی مترقـی و منابع مالـی و انسـانی عظیـم. آنچـه کـه میـان ایـن دو کشـور در امـر توسـعه فاصلـه‌ای عظیـم انداختـه اسـت نـه در فرهنـگ آن‌هـا بلکـه در جای‌گیـری آن‌هـا در نظـام جهانـی و روابـط کشـورهای قدرتمنـد بـا آن‌هـا نهفتـه اسـت. اینکـه چـرا تغییـرات اجتماعـی در ژاپـن بـه ثمـر نشسته‌اند امـا در ایـران همـواره عقیـم گشـته‌اند را بـا تکیـه بـر نظریـه‌ی «انقـلاب عقیـم» و ضـرورت تشـکیل یـک «بلـوک تاریخـی» در نـگاه اندیشـمند ایتالیایـی و مارکسیسـت شـناخته شـده، آنتونیـو گرمشـی، بررسـی خواهیـم کـرد. البته لازم بـه ذکـر اسـت کـه بـا آنکـه آثار وی در میـان پژوهشگران ایرانـی کمتـر مـورد توجـه قـرار گرفته‌انـد امـا دارای مفاهیمی قابل‌توجـه در نـگاه بـه کشـورهای حاشـیه‌جهانی چـون ایـران هسـتند. فصـل اول کتـاب را بـا شـرح آنچـه کـه سـلطه‌ی جهانـی بـر کشـورهای توسعه‌نیافتـه اعمـال کـرده اسـت آغـاز می‌کنیـم و اینکـه نابرابـری در روابـط جهانـی در مسـیر توسـعه‌ی کشـورها چگونـه موجب شـده اسـت برخـی جوامـع به‌عنـوان جـاده صـاف کـن کشـورهای دیگـر، آن‌هـا را بـه سـوی توسـعه هدایـت کننـد و ایـن موضـوع چگونـه بـه قیمـت عقب‌مانـدگی جامعـه‌ی خودشـان تمـام می‌شـود. بـا شـرح کوتاهـی از ادبیـات موجـود دربـاره ایـران و ژاپـن در ایـران و پیشـینه‌ای از نظریـات وابسـتگی و سیسـتم جهانـی بـه مفاهیـم اساسـی در نظریـات گرمشـی خواهیـم رسـید. در تحلیل گرمشیسـتی بـا گـذر از تحلیل‌هـای تقلیل‌گـرای لیبرالیسـتی و فرهنگـی خواهیـم دیـد کـه هژمونـی جهانـی و سـاختار بین‌المللـی چگونـه تاکنون به‌گونـه‌ای عمـل کـرده اسـت که ژاپـن در شـراکت بـا آن از توسـعه‌ی سرمایه‌داری برخـوردار شـده اسـت و ایـران درمقابـل چگونـه به‌دلیـل موانـع موجـود از قافلـه‌ی توسـعه حتـی بـه شـکل سـرمایه‌داری نیـز عقـب مانـده اسـت. گرچـه گرمشـی معمـولا بـا مفهـوم «هژمونـی» شـناخته شـده اسـت امـا بسـط مفهـوم هژمونـی در بعـد جهانـی مـا را بـه مفاهیمـی سـاختاری دربـاره کشـورهای حاشـیه‌جهانی هدایـت می‌کنـد.

در فصـل دوم بـه بررسـی تاریخـی توسعه در ژاپـن از زمـان اصلاحـات میجـی تا اواخـر قـرن بیسـتم پرداختـه می‌شـود. بـرای آغـاز بحـث سـراغ چگونگی شـکل‌گیری نظـم میجـی خواهیـم رفـت، چراکـه اصلاحـات میجـی در اکثـر آثار مربـوط بـه ژاپـن به‌عنـوان نقطـه‌ی آغـاز تغییـرات ژاپـن شـناخته می‌شـود و در واقـع نیـز کلیـد ورود بـه نظـم سـرمایه‌داری جهانـی در ایـن برهـه نهفتـه اسـت. سـپس نقـش ژاپـن در دو جنـگ جهانـی، ورودش بـه نظـم نویـن جهانـی پـس از جنـگ جهانـی دوم و شـراکتش بـا آن را می‌تـوان مرکـز ثقـل تحلیـل دربـاره‌ی توسعه‌یافتگـی و حضـورش به‌عنـوان قدرتـی جهانـی قـرار داد. در ایـن فصـل بـه تفصیـل بـه شـرح شـکل‌گیری بلـوک تاریخـی مترقـی در ژاپـن در دوران میجـی پرداختـه می‌شـود کـه در مسـیر آن ژاپـن نـه تنهـا بـا موانـع نظـم جهانـی مواجـه نیسـت بلکـه ایـن، نظـم بارهـا بـه کمـک و ارتقا آن بـرای حفـظ شـراکت، به‌عنـوان مثـال پـس از جنـگ جهانـی دوم، آمـده اسـت.

فصـل سـوم و چهـارم کتـاب بـه بررسـی تاریخـی کشـور ایـران و ارتبـاط وقایـع تاریخـی دوران مـدرن آن بـا نظریـه‌ی انقـلاب عقیـم گرمشـی می‌پـردازد. فصـل سـوم بـا پرداختـن بـه جنبـش مشـروطه به‌عنـوان یکـی از تلاش‌هـای قابـل توجـه ایرانیـان بـرای تغییـر وضـع موجـود آغـاز می‌شـود و فراینـد عقیـم شـدن آن را در اثـر دخالـت قدرت‌هـای امپریالیسـتی روسـیه و بریتانیـا بررسـی می‌کنـد. سـپس بـه عقیـم مانـدن مشـروطه، بحـران هژمونیـک ده‌سـاله پـس از آن و ظهـور یـک قیصـر کـه در نظـرات گرمشـی حاصـل یـک بحـران هژمونـی اسـت و می‌توانـد مترقـی یـا ارتجاعـی باشـد، می‌رسـیم. تحلیـل ظهـور رضاخـان در اینجـا از تحلیل‌هـای موجـود مبنـی بـر یـک دیکتاتـور سـرکوب‌گر کـه در اثـر یـک کودتـا بـه قـدرت رسـیده اسـت، فاصلـه می‌گیـرد. شـرح چرایـی قـدرت گرفتـن رضاخـان و پـروژه‌ی بومـی توسعـه‌ی وی یکـی از بخش‌هـای اساسـی ایـن کتـاب را دربـردارد.

فصـل چهـارم دربرگیرنـده‌ی نهضـت ملـی نفـت بـه رهبـری مصدق و عقیـم مانـدن آن بـه علـت کودتـای آمریکایـی– بریتانیایـی اسـت کـه بـدون شـک یکـی از مهم‌تریـن برهه‌هـای تاریخـی دوران مـدرن ایـران اسـت. کودتـا علیـه دولـت مصـدق یکـی از نقـاط آغازیـن نظـم جدیـد جهانـی بـه رهبـری آمریکاسـت کـه نتایـج حاصـل از آن تابه‌اکنـون در تاریـخ کشـور ایـران قابـل ردگیـری اسـت. دوران پـس از کودتـا

و مصادف با جنگ سرد درانتها منتهی به حوادث بهمن ۱۳۵۷ می‌شود که اکنون شاهد محصول آن نظم عقیم شده هستیم. در انتهای این فصل به‌طور مختصر تأثیرات نظم نئولیبرالیستی جهانی در ایران را که حاصل هژمونی ایالات متحده امریکا در دوران پس از جنگ جهانی دوم است مورد بررسی قرار خواهیم داد و در آخرین فصل کتاب جمع‌بندی‌ای از آنچه در کتاب به میان آمده را ارائه می‌دهیم.

یافتن مسیری جایگزین، نیازمند تفکری انتقادی نسبت به ساختار موجود است و برای به‌دست آوردن آن لازم است از فضای غالب موجود نیز فاصله گرفت. واگذاری مشکلات به تفاوت‌های فرهنگی و پذیرفتن آن‌ها به‌عنوان تنها حقیقت موجود، گرچه کاری بس آسان‌تر است، اما هیچ‌گاه به یافتن راه‌حلی درخور جامعه‌ی ما منتهی نخواهد شد. از این رو امید است که در این کتاب بتوانیم بخشی از رسالت خود را در برابر توسعه و ترقی کشوری حاشیه‌ای چون ایران به انجام رسانیم.

فصل اول: جدالی برای توسعه

«بحران دقیقاً در این واقعیت معنا می‌شود که نظم قدیم درحال نابودی است و نظم جدید
توان ظهور ندارد؛ در همین فاصله است که علائم خوفناک بیماری ظاهر می‌شود.»
گرمشی، یادداشت‌های زندان، ص ۲۷۶

در اواخــر دهــه نــود میــلادی، بانــک جهانــی[1] در راستــای خصوصی‌ســازی
منابــع آبــی و سیســتم فاضــلاب مبلــغ ۱۴ میلیــون دلار بــه دولــت بولیــوی قــرض
می‌دهــد. ایــن شــیوه از پرداخــت وام‌هــای ســنگین بــه دولت‌هــای خارجــی از دهه
۷۰ میــلادی و بــرای بــه جریــان انداختــن ســرمایه‌ی بانک‌هــای نیویــورک آغــاز
شــد و در پــی بحران عدم‌پرداخــت بدهی از دهــه ۸۰ میــلادی و بــا سیاســت‌های
ریــگان، تعویــق بازپرداخــت وام‌ها بــه صنــدوق بین‌المللــی پــول و بانک جهانــی به
اصلاحــات نئولیبرالیســتی و انجــام شــروط آن‌هــا در ایــن کشــورها گــره خــورد.[2] از
ایــن رو به‌فاصلــه‌ی دوســال از تاریــخ دریافــت وام کمکــی در ســال ۱۹۹۹، دولــت
بولیــوی آبرســانی برخــی از شــهرهای بــزرگ بولیوَی‌کــه شــامل شــهر کوچابامبا بــود
را بــدون اطلــاع عمــوم تــا ســال ۲۰۳۹ میــلادی بــه شــرکت آمریکایــی بکتــل واگــذار
کــرد. پــس از گذشــت یــک ســال و بــا افزایــش سرسام‌آور بهــای آب، اکثر مــردم
کوچابامبــا از قــدرت خریــد آب عاجــز بودنــد. به‌عنــوان یکــی از راه‌حل‌هــا برخــی از
مــردم شــهر بــه انبــار کــردن آب بــاران در تانکرهــای مســتقر در پشت‌بام خانــه‌ی خــود
رو آوردنــد. امــا بکتــل کــه طبــق قــرارداد خــود بــا دولــت بولیــوی صاحــب «منابــع»
آبــی شــهر کوچابامبا بــود مدعــی شــد که آب بــاران نیــز جزو امــلاک این شــرکت

---

1. World Bank

2. Harvey, D. (2005). *A Brief History of Neoliberalism*. Oxford University Press, pp
28-29.

بوده و انبار کردن مجانی آن در پشت‌بام خانه‌ها غیرقانونی است. مردم شهر، بخصوص آنان که آب به رویشان بسته شده بود چاره‌ای جز بیرون آمدن و اعتراض برای بهره‌برداری از حق مصرف آبی که تا قبل از خصوصی‌سازی از آن برخوردار بودند، نداشتند. منازعه‌ی آب در این شهر با نام جنگ آب کوچابامبا در سال ۲۰۰۰ شناخته می‌شود. جنگ آب با شماری زخمی و کشته به‌سود مردم کوچابامبا به پایان رسید و شرکت بکتل که خود را به اندازه کافی خودمختار در سرمایه‌گذاری و انباشت سرمایه در بولیوی نمی‌دید مجبور به ترک کشور شد.[۳] دولت آمریکا پس از شکست در بولیوی بازار جدیدتری را به‌عنوان جایگزین آنچه که بکتل در بولیوی از دست داده بود به این شرکت اعطا کرد. این‌بار صنایع آب و برق برخی کشورهای خاورمیانه به‌طور ویژه عراق به این شرکت واگذار شد. تا پیش‌ازآن هیچ‌گونه نشانه‌ای از اقتصاد نئولیبرال در عراق تا سال ۲۰۰۳ دیده نمی‌شد. اما با اشغال این کشور توسط نیروهای چندملیتی به رهبری آمریکا واگذاری منابع عراق (به‌استثنای نفت) به بخش خصوصی و شرکت‌های فراملیتی جزو اولین تصمیم‌های دولت پل بریمیر، فرستاده آمریکا در عراق، بوده و بکتل نیز از این طریق صنایع انرژی در عراق را تحت سلطه‌ی خود گرفت. درواقع، آنچه که ایالات متحده آمریکا سعی داشت با زور فراوان بر عراق تحمیل کند، یک دستگاه دولتی بود که ماموریت آن تسهیل شرایط انباشت سرمایه‌ی سودآور از طریق سرمایه‌ی داخلی و خارجی باشد.[۴]

چرخش به‌سوی سیاست‌های نئولیبرالیستی حدوداً از دهه‌ی ۷۰ میلادی و در واکنش به موج‌های اقتصادی بلوک شرق و در پی بحران انباشت سرمایه و رکود تورمی در جهان سرمایه‌داری به‌عنوان مرحله‌ی جدیدی پس لیبرالیسم آغاز شد. «نئولیبرالیسم» همچون مرحله‌ی ماقبل خود «لیبرالیسم» با هدف حذف دخالت دولت و گسترش هرچه بیشتر بازار آزاد طرح‌ریزی

---

۳. برای کسب جزئیات بیشتر مراجعه شود به :

Shultz, J. (2003). "The Water is Ours, Dammit". In: *Notes from Nowhere. We Are Everywhere: The Irresistible Rise of Global Anti-Capitalism*. UK: Verso, pp 264-277.

4. Harvey, op cit, p 7.

شد. کوچک‌سازی دولت، حمایت دولتی از خصوی‌سازی گسترده، بازار آزاد، تجارت آزاد و درکل تحقق آزادی‌های کارآفرینانه از اهداف آن نام برده شد. اما همان‌گونه که در مثال بولیوی آورده شد، باآنکه نئولیبرالیسم ادعای عدم دخالت دولت در اقتصاد را دارد، دولت بولیوی در اجرای سیاست‌های شرکت‌های چندملیتی چون بکتل نقش بازاریابی را ایفا کرد. درنتیجه‌ی این تناقض در ایده‌ی نئولیبرالیسم به‌عنوان شکل جدید سرمایه‌داری، در اقتصادهای توسعه‌نیافته که توان انباشت سرمایه خصوصی را ندارند، دولت‌ها به خصوصی‌سازی گسترده‌ی اموال عمومی جذب می‌شوند. نمونه‌های گفته‌شده مثال به‌خصوصی از نئولیبرالیسم و نتیجه‌ی آن در جهان توسعه‌نیافته است. در نگاه نئولیبرالیستی کشورهای جهان‌سومی که عمدتاً به‌خاطر استثمار تاریخی و در ظرفی سیستماتیک قادر به تغییر وضعیت خود و توسعه نیستند وابسته به ورود دستان قدرتمند نهادهای بین‌المللی و کشورهای توسعه یافته هستند. اما با ورود این قدرت‌های جهانی وضعیت حاشیه‌جهانی نه تنها بهتر نشده بلکه دچار گرفتاری‌های تازه و پیچیده‌تری نیز شده است.

نظریات فرهنگی توسعه

نظریات غالب توسعه برای تحلیل چرایی توسعه‌نیافتگی کشورهای ضعیف جهانی از ریشه‌های تاریخی وقایع کشورها گذر می‌کنند و اغلب به دنبال شرح و تفسیر و یا راه‌حل‌های ساده هستند. به‌عنوان مثال از سری کارهایی که با چشم‌انداز لیبرال ارائه شده‌اند *چرا ملت‌ها شکست می‌خورند* اثر عجم اوغلو و رابینسون می‌باشد که نویسندگان آن برای شرح توسعه‌نیافتگی کشورهای جهان سوم معتقد هستند که این، تأسیس و کیفیت نهادها و به خصوص نهادهای سیاسی است که سرنوشت اقتصادی آن‌ها را رقم می‌زند. تفکیک نهادهای سیاسی از اقتصادی خود می‌تواند با علامت سؤال بزرگی توأم باشد، اما نویسندگان بر این باورند که بهره‌کش بودن و غارتگر بودن نهادهای سیاسی یک کشور سرنوشت اقتصاد و تمام شئون آن کشور را تعیین خواهد کرد. در نظر آن‌ها «شمول‌گرایی سیاسی»، «شمول‌گرایی اقتصادی»

را به‌دنبـال دارد و بـا اسـتفاده از قوانیـن فراگیرنـده، بـا حمایـت از حقـوق فـردی، بهبـود محیـط کسب و کار، احتـرام بـه مالکیـت و تقویت کارآفرینـی و غیـره بـه رشـد و توسـعه کشـور کمـک می‌کنـد. بـرای ایجـاد فرصـت مشـارکت نیـاز بـه نظـام حقوقـی‌ای است کـه از مالکیـت خصوصـی حمایـت و امنیـت لازم را بـرای فعالیت‌هـای اقتصـادی و کسـب و کار ایجـاد کنـد. آن‌هـا به‌طـور ویـژه تضمیـن امـوال خصوصـی، بـه رسـمیت شـناختن قراردادهـا و جلوگیـری از فسـاد و غیـره را به‌عهـده‌ی نهـادی بـه نـام دولـت می‌داننـد. دولـت بایـد خدمـات رفاهـی را بـه گونـه‌ای توزیـع کند کـه مبـادلات اقتصـادی اجازه رشـد داشـته باشـند. ایـن نـوع حمایـت در اصـل یعنـی حمایـت از بخـش خصوصـی به‌شـکل اجـرای قانـون، برقـراری نظـم، حمایـت از بـازار و ضمانـت اعتبـار قراردادهـای ایـن بخـش. همچنیـن سیسـتم آموزشـی ضعیـف در کشـورهای فقیـر را به‌دلیـل نبـود نهادهایـی می‌داننـد کـه نمی‌تواننـد انگیـزه‌ی آمـوزش را در خانواده‌هـا و جامعـه ایجـاد کننـد. کشـورهای ضعیـف در نظر آن‌هـا سیسـتم‌های سیاسـی‌ای دارنـد کـه در تامیـن مالـی و ایجـاد زیرسـاخت‌های آموزشـی ناتـوان هسـتند. نهادهـای اقتصـادی توسـط جامعـه ایجـاد می‌شـوند و کشـورهای ضعیـف ایـن نهادهـا را بـه جامعـه تحمیـل می‌کننـد. در نهایـت نهادهـای سیاسـی هسـتند کـه ایـن نتایـج را رقـم می‌زننـد. نهادهـای سیاسـی همـان دولـت و قـوای دیگـر هسـتند کـه درنظر نویسـندگان زمانـی موجب کارآمـدی اقتصـاد می‌شـوند کـه به‌طـور متـوازن کثرت‌گـرا و متمرکـز باشـند. ایـن نهادهـای سیاسـی قوانینـی تعییـن می‌کننـد تا انگیـزه را در سیسـتم مدیریـت کننـد و یـا مشـخص کننـد کـه چـه دولت‌هایـی روی کار بیاینـد.[۵] درنهایـت در ایـن نظریـه کشـورهای ضعیـف دارای دولت‌هایـی خودکامـه و مردمـی ضعیـف از نظـر فرهنـگ و آمـوزش هسـتند کـه موجـب اخـلال در کارکـرد مالکیـت خصوصـی و بـازار آزاد می‌شـوند. آنچـه کـه می‌تـوان از نسـخه عجم‌اوغلـو و رابینسـون فهمیـد ایـن اسـت کـه توسـعه مختـص کشـورهایی بـا نظام‌هـای سیاسـی دموکراتیـک اسـت و عـدم وجـود دموکراسـی و نهادهـای ضـروری آن بـه دلایـل نواقـص «فرهنگـی» اسـت. ایده‌هـای مطـرح شـده توسـط عجم‌اوغلـو و رابینسـون، توسـعه را بـا نسـخه‌ی لیبـرال

---

۵. عجم‌اوغلو، دارون، رابینسون، جیمز ای. *چرا ملت‌ها شکست می‌خورند؟*، ترجمه محسن میردامادی و محمدحسین نعیمی‌پور، تهران: روزنه، ۱۳۹۲، ص: ۷۷ ـ ۱۳۸.

یـا در اصـل نئولیبـرال تجویـز مـی‌کننـد، به‌این‌صـورت کـه تمامـی اصلاحـات سیسـتماتیک و نقـش دولـت در کوچـک کـردن نهادهـای خـود بـه سـود بخـش خصوصـی می‌بایسـت کـه در خدمـت بـازار و مالکیـت خصوصـی باشـد. یکـی از تفاوت‌هـای عمـده نظـام نئولیبـرال در مقایسـه بـا نظـام لیبرالی کـه بیشـتر بـر مناسبات اقتصادی قـرن نوزدهـم حکم‌فرما بـود دخالـت دولـت در بـازار بـه سـود نخبه‌هـای سـرمایه‌دار یـا همـان بخـش خصوصـی اسـت. ایـن رونـد بـر دو محـور عمـده اسـتوار اسـت: یـک، بـه بخـش خصوصـی واگـذار کـردنِ حتـی امـلاک و بخش‌هایـی ماننـد فرودگاه‌هـا و بنـادر و معـادن کـه بـه لحـاظ سـنتی جـزو امـلاک عمومـی به‌شـمار می‌رفتنـد و بازرگانـی کـردنِ آن بخـش از زنـدگی اجتماعـی کـه تـا بـه امـروز شـامل فعالیت‌هـای اقتصـادی و انباشـت سـرمایه نمی‌شـد و دوم اینکـه دولـت مدیریـت آن دسـته از فعالیت‌هـا و بخش‌هـای اقتصـادی کـه بـرای بخـش خصوصـی سـودآور نیسـت را بـر عهـده گیـرد.[6] واقعیت‌هـای آمـاری حاکـی از آن هسـتند کـه کشـورهای توسعه‌یافته‌ی کنونـی کـه سیاسـت‌های خـود را، چـه در دوران نظـم لیبرالیسـتی بریتانیایـی چـه نظـم نئولیبرالیسـتی فعلـی بـه کشـورهای توسـعه‌نیافته ارائـه می‌دهنـد، خـود ایـن توصیه‌هـا را اعمـال نکرده‌انـد.[7] کشـورهای توسعه‌یافته نـه بـا لیبرالیسـم یـا «تجـارت آزاد» کـه اغلب بـا سیاست‌هـای حمایتـی و اقتصـادی‌ای کـه صـادرات آن بـر واردات بچربـد وارد عرصـه توسـعه و سـپس امپریالیسـم و استعمار در خارج از مرزهـای خـود شـده‌اند. بدین‌ترتیب نظریه‌هـای توسـعه در توصیه‌هـای سـرمایه‌داری، کـه قرن‌هـا بـدون دخالـت عوامـل خارجـی و در مسـیری تاریخـی و طبیعـی در غـرب طـی شـده اسـت، به‌عنـوان ایدئولـوژی نظـم جهانـی به نسـخه‌ای تقلیـدی و جهان‌شـمول تبدیـل شـده‌اند. لـذا ایـن ویژگـی خـود بخشـی از هژمونـی کنونـی ایالـت متحـده آمریـکا اسـت کـه نظـام نئولیبـرال را به‌عنـوان نظمـی جهانـی از ابتـدای دهـه نـود میـلادی و به‌عنـوان تنهـا گزینـه بـه جهـان سـوم تحمیـل کـرد.

---

6. Cox, R. (1987). *Production, Power, and World Order: Social Forces in the Making of History*. New York: Columbia University Press, p 220.

7. Chang, Ha-Joon. (2003). *Kicking Away the Ladder: Infant Industry Promotion in Historical Perspective*, Oxford Development Studies, 31:1, 21-32, p:2.

امـا نظریه‌هـای لیبـرال و توسعه‌ی سـرمایه‌داری در بنیـان و چارچـوب نظریه‌هایـی «فرهنگـی» نیـز هسـتند. بـه ایـن صـورت کـه عدم‌توسـعه در حاشیه‌جهانی ناشـی از فرهنـگ «مشـکل ساز» ملت‌هـای ایـن بخـش از جهـان است. در مثال بـالا عدم‌موفقیت نئولیبرالیسـم به‌دلیل نبودن موسسـات یا همان فرهنـگ سیاسی پشـتیبانی‌کننده، دانـش لازم در ایـن راستا، نبودِ دموکراسـی، کـه آن‌هم ریشـه‌هایی فرهنگی دارد، و غیره ذکـر شـده است. ایـن شـکل از تحلیل از جهـان سـوم کـه نمونه‌هـای ایرانی آن را هـم بررسـی خواهیـم کـرد در وهلـه‌ی اول بـا تاریـخ همراهـی‌ای نـدارد. درواقـع ایـن عدم‌وجـود موسسـات سیاسـی نبـوده اسـت کـه موجب عدم‌توسعه‌یافتگی بخشـی از کشـورهای جهان شـده است بلکه عدم‌ترقی آن‌هـا را بایـد بـا نگاهـی بـه تاریـخ هـر کشـور و نـوع حضـورش در نظام جهانـی درنظـر داشـت. در ایـن راسـتا همچنیـن نظریه‌هـای لیبـرال و یـا فرهنگی را اندیشـمند اقتصاد سیاسی روبـرت کاکس نظریه‌هـای «حل مسئله» می‌نامد؛[8] زیرا ایـن نظریه‌هـا بـا هـدف حفـظ وضـع موجـود طراحی شـده‌اند و بـرای بررسی وقایـع بـه شـیوه‌ای عمـل می‌کننـد کـه سـاختار اقتصادی‌ـ‌سیاسـی موجـود مـورد سـؤال قـرار نگیـرد. همچنین ایـن نظریه‌هـا از ایـن لحـاظ تاریخـی نیسـتند کـه بـرای تحلیـل شـرایط مـوجـود بـه دلایـل به‌وجـود آمـدن آن بازنمی‌گردند.[9]

بـرای بررسـی بیشـتر تاریخـی نبـودن ایـن نظریـات می‌تـوان وضعیـت فعلـی کشـورهای جهـان سوم را بـا شـرح چگونگی تحمیل نظـم نئولیبرالیسـتی توسـط قدرت‌هـای جهانـی شـرح داد. در قـرن بیسـتم نئولیبرالیسـم بـا روی کار آمـدن ریـگان در دهـه ۸۰ میـلادی و اعمـال سیاست‌هـای پولی سـخت بـر جهان شکل رسـمی گرفـت و یکـی از بزرگتریـن اثـرات تخریبـی را بـر جهـان سـوم داشـت. اثـر پیچیـده ایـن سیاسـت‌ها بـر کاهـش درآمـد صـادرات و افزایش نـرخ بهـره به بحـران فاجعـه نقدینگی در جهان سـوم ختم شـد.[10] همچنین در کشـورهای نفتی

---

8. The Problem Solving Theory

9. Cox, R. (1981). "Social Forces, States and World Orders: Beyond International Relations". *Millennium - Journal of International Studies*. pp: 128-129.

10. Augelli, E and Murphy, C. N. "Gramsci and International Relations: A General Perspective and Example from Recent US Policy toward the Third World". In Gill, S. (1993). *Gramsci, Historical Materialism and International Relations*. (ed). New York: Cambridge University Press, p: 134.

اوپک با بالا رفتن قیمت نفت در پی تحریم صادرات این محصول از سوی برخی از کشورهای صادرکننده‌ی آن در خاورمیانه در سال ۱۹۷۳ و سودآوری بسیار کشورهایی چون عربستان سعودی و ایران، این کشورها بخش عمده‌ی سرمایه‌های خود را مانند عربستان در بانک‌های آمریکایی به ودیعه سپردند یا مانند هم ایران و هم عربستان سود ناشی از فروش نفت را از طریق خرید اسلحه در بانک‌های غربی و عمدتاً آمریکایی دوباره به گردش انداختند. علاوه بر افزایش نقدینگی و حفظ سطح بالای مصرف در بازار آمریکا، این سرمایه‌های انتقال‌یافته راه شرکت‌های چندملیتی و مؤسسات مالی را به بازار جهان سوم باز کردند. وام‌های اعطایی سازمان‌های بین‌المللی چون بانک جهانی و صندوق بین‌المللی پول جهان سوم را وام‌دار امریکا و دیگر قدرت‌های اقتصادی در جهان کرد. این بدهی‌ها و سپس بحران‌های اقتصادی جهان سوم را وادار به اعمال سیاست‌های اقتصادی تحمیلی نئولیبرالیستی چون کاهش امکانات رفاهی، خصوصی‌سازی گسترده و انعطاف در بازار کرد. در مقایسه با لیبرالیسم، در شیوه نئولیبرالیسم دولت‌های ضعیف برای بازپرداخت بدهی‌های خود، از طرف سازمان‌های بین‌المللی مجبور به واگذاری منابع ملی به این مؤسسات می‌شوند.[۱۱] ژاپن یکی از متحدان اصلی ایالات متحده آمریکا در پیاده‌سازی این نظم در جهان بود. ژاپن در دوران پس از جنگ جهانی دوم در محدوده‌ی یکی از اعمال‌کنندگان این نظم قرار گرفته بود. اما تاریخ این روابط و تأثیرگذاری و تأثیرپذیری آن بر طرف‌های درگیر در سطح بین‌المللی، در نظریه‌های «حل مسئله» محلی از اعراب ندارد.

مکاتب انتقادی، اسناد و داده‌های با کیفیتی را دررابطه‌با تأسیس و تحت نفوذ بودن «سازمان‌های جهانی» و برنامه‌ریزی آن‌ها در راستای اهداف و منافع قدرت‌های جهانی ارائه می‌دهند. ازاین‌رو تحمیل اقتصاد نئولیبرال به کشورهای حاشیه‌جهانی و بدون در نظر گرفتن احتیاجات بومی اقتصاد در این کشورها خود تحمیل ایدئولوژی سیاسی و اقتصادی آمریکا و متحدین آن

---

11. Harvey, op cit, pp: 27-29.

بر این کشورها است تا ارائه‌ی راه‌حلی برای توسعه‌ی اقتصادی آن‌ها.[12] در تحلیل ارائه شده در این پژوهش از این پدیده به‌عنوان «توسعه‌ی نابرابر» یاد خواهد شد که نئولیبرالیسم تنها شکل جدید و کنونی این روند تاریخی است. ازاین‌رو می‌توان گفت نظریات توسعه‌ی سرمایه‌داری نگاهی «غیرساختاری» نیز به پدیده‌ای که بررسی می‌کنند دارند. ویژگی عدم‌توجه به ساختار سیاسی و اقتصادی و اجتماعی کشورهای توسعه‌نیافته و انداختن عدم‌توسعه به گردن فرهنگ جوامع این کشورها، ویژگی دیگری است که تصویر خوبی برای شناخت عدم‌توسعه‌ی جهان سوم نمی‌دهد. نظریات سرمایه‌داری توسعه کشوری چون ایران را در خلأ مناسبات اقتصاد جهانی و منطقه‌ای تحلیل می‌کنند و این ناشی از خالی بودن این تحلیل‌ها از نگاهی ساختاری به توسعه‌نیافتگی است. در ادامه، مبحث بالا ویژگی دیگری از نظریات توسعه سرمایه‌داری را آشکار می‌سازد که برای حفظ وضع موجود جهان و منافع آن در تلاش‌اند. اینکه در تحلیل توسعه‌نیافتگی برخی از مناطق جهان واقعیت‌های اقتصادی‌ـ‌سیاسی آن‌ها نادیده گرفته می‌شود برای حفاظت و تثبیت وضعیتی است که موجب پیدایش آن شده است. نظریات سرمایه‌داریِ توسعه از عوامل اصلی پدیدآورنده‌ی توسعه‌نیافتگی کشورهای جهان سوم گذر می‌کنند زیرا برای پرداختن به آن‌ها ناچار می‌شوند نظم فعلی را به زیر سؤال ببرند . در مثالی که در صفحات گذشته از نویسندگان کتاب چرا ملت‌ها شکست می‌خورند آورده شد، عدم توسعه یا همان «شکست ملت‌های جهان‌سومی» نه به‌دلیل تحمیل نظم موجود و سیستم اقتصاد جهانی بلکه به‌دلیل ضعف نهادهای سیاسی در پاسداری از سرمایه‌داری اتفاق افتاده است.

سه ویژگی ذکر شده می‌تواند به ویژگی دیگری نیز منتهی شود و آن اینکه این نظریات تقلیل‌گرا نیز هستند. یعنی با تقلیل مسئله‌ی توسعه‌نیافتگی به فرهنگ متفاوت مردم جهان سوم فراموش می‌کنند که چه مسیری برای تحمیل این شرایط طی شده است. در ایجاد نظام‌های سرکوب‌گر در برخی مناطق حاشیه‌ای جهان می‌توان سرمایه‌داری آمریکا و حافظان را آن در جهان

---

12. Cox, R. (2004). "Beyond Empire and Terror: Critical Reflections on the Political Economy of World Order", *New Political Economy*, Vol, 9. No. 3, pp 2004.

سـوم شـاهد گرفـت؛ بطـور مثـال، پیـش از جنـگ جهانـی دوم بـا کودتایـی در نیکاراگوئـه و کمـک بـه خانـدان سوموزا در ازای بـاز گذاشـتن درهـای تجـارت بـا ایـن کشـور و حفاظـت از منافـع آمریـکا سـلطه‌ی خـود را اعمـال کـرد. در ادامـه ایـن سیاست‌هـای استعمارگرایانـه، نظـم جهانـی بـا کودتـای مـرداد ۱۹۵۳/۱۳۳۲ در ایـران و یـا برکنـاری آلنـده در شـیلی در همـان دهـه، به‌قیمـت از بیـن بـردن دولت‌هـای قانونـی و تثبیـت دیکتاتـوری از نظـام موجـود دفـاع کـرد.[۱۳] درنتیجـه علـت شکسـت جنبش‌هـا و دولت‌هـای مترقـی ایـن کشـورها در پس‌نگاه‌هـای تقلیل‌گرایانـه بـه فراموشـی سـپرده شـده‌اند. همچنیـن در تقلیل‌گـرا بـودن ایـن نظریـات می‌تـوان بـه مقایسـه کشـور ایـران و ژاپـن نیـز بازگشـت. ژاپـن همان‌گونـه کـه در ادامـه شـرح داده خواهـد شـد، همـواره یـک کشـور متمـدن و بـا فرهنگـی متفـاوت از ایـران توصیـف می‌شـود. کشـوری کـه به‌دلیـل داشـتن مردمـی «سخت‌کـوش و متفـاوت» توانسـته اسـت توسـعه پیـدا کنـد، بـه الگـوی ایـران تبدیـل شـده اسـت. بدین‌ترتیب توسعه‌یافتگـی ژاپـن و عدم‌پیدایـش آن در ایـران بـه مسـئله‌ی متفـاوت بـودن مـردم ایـن دو کشـور تقلیـل داده شـده اسـت.

شـیوه‌ی تحلیـل فرهنگـی و یـا حـل مسـئله در ایـران کـه همـواره در تاریـخ یک‌صدسـال اخیـر خـود بـه دنبـال توسـعه و پیشـرفت بـوده اسـت، شـیوه‌ی غالـب اسـت. وضعیـت کشـور ایـران در سـال ۲۰۱۹/۱۳۹۸ بیانگـر شـرایطی اسـت کـه تحـت فشـار تحریم‌هـای شـدید کشـورهای غربـی بـه رهبـری آمریـکا ایجـاد شـده اسـت. و از طرفـی نخبه‌هـای حاکـم بـر ایـن کشـور درحـال اجـرای سیاسـت‌های اقتصـاد نئولیبرالیسـتی صنـدوق بین‌المللـی پـول، چـون حـذف یارانـه‌ی سـوخت بنزیـن، هسـتند کـه موجـب اعتراضـات مردمـی در آبان ماه سـال ۱۳۹۸ شـده اسـت. بـا توجـه بـه آن‌چـه گفتـه شـد بـرای درک عدم‌توسعـه‌ی کشـوری چـون ایـران نـگاه جایگزینـی لازم اسـت. نگاهـی کـه بـه شـیوه‌ی دیگـری مسـیر تاریخـی طـی شـده در ارتبـاط بـا توسعـه‌ی ایـن کشـور را بـا نگاهـی نقادانـه بررسـی کنـد.

---

13. Ibid. pp: 27-28.

چشم بادامی‌های مترقی دربرابر ایرانیان

توسعه‌ی ایـران و کشـور صنعتـی ژاپـن بارهـا در محافـل آکادمیـک ایـران مـورد مقایسـه قـرار گرفته‌انـد و چرایـی پیشـرفت ژاپـن درمقابـل ایـران سـؤال‌های بسـیاری بـرای صاحب‌نظـران ایـن حـوزه ایجـاد کـرده اسـت. امـا بـا توجـه بـه آنچـه کـه پیش‌تـر گفتـه شـد توسـعه‌ی ایـران در مقایسـه بـا غـرب و یـا ژاپـن در بسـیاری از تحلیل‌هـا بـه «نگاهـی فرهنگـی» تقلیـل داده شـده اسـت. به‌طوری‌کـه توسعه‌نیافتگی کشـورهایی چـون ایـران بـه ضعیـف بـودن ذاتـی آن‌هـا ماننـد تنبلی، کم‌سـوادی یـا حتی واژه نـه چنـدان معنی دار و سـاختگی «بی‌فرهنگی» نسـبت داده شـده اسـت. توسـعه‌یافتگی ویژگـی‌ای مختـص غـرب اسـت و کشـورهای شـرقی بـرای به‌دست‌آوردن آن بایـد هماننـد غـرب رفتـار کننـد و اگـر نتوانسته‌انـد توسـعه بیابنـد بـه مسئله‌ای در ذات خودشـان مرتبـط اسـت. نمونـه‌ی کلاسیک جهانی ایـن دیدگاه که دیدگاه‌های محلی در کشـوری ماننـد ایـران را نیز مـورد تأثیر قـرار داده اسـت، دیدگاه تاریخ‌نگار دانشگاه هـاروارد دیویـد لنـدس اسـت.[۱۴] ایـن نگاه از بـالا بـه پاییـن بـه شـرق بـرای تحلیـل عدم‌توسعـه‌ی مصـر را ادوارد سـعید به‌جامانـده از ورود اسـتعماری فرانسـه در قـرن هجدهـم می‌دانـد.[۱۵] نظریـات سـرمایه‌داری عدم‌توسعه را در کشـورهای جهـان سـوم فـرض بـر نارسایی‌هایی چـون فرهنـگ سـنتی، فقـدان انگیـزه‌ی پیشـرفت، سـرمایه‌گذاری ناچیـز و عدم‌وجـود نهادهـای دموکراتیـک بـه شـکل کشـورهای غربـی درنظـر می‌گیـرد. همچنیـن نظریـه‌ی سـرمایه‌داری توسعه، به‌دلیل فقـدان تحلیـل تاریخـی از شـرایطی کـه سـرمایه‌داری آن را به‌وجـود آورده اسـت، عدم‌پیشـرفت کشـورهای در حـال توسعـه‌ای چـون ایـران را بـه عوامـل فرهنگـی و استبدادپروری ذاتـی جامعـه تقلیـل می‌دهـد و در تحلیـل پیشـرفت کشـوری چـون ژاپـن از تمدن‌یافتگی و سخت‌کوشـی و خاص‌بودن آن‌هـا و جامعـه دموکراسـی‌پرور نـام می‌بـرد. ایـن نـگاه تقلیل‌گرایانـه در پژوهش‌هـای محـدود دانشـگاهی در حـوزه‌ی مقایسـه‌ی ایـران و ژاپـن قابـل رویـت اسـت.

---

14. Landes, D. S. (1998). *The Wealth and Poverty of Nations: Why Some Are So Rich and Some So Poor*. New York: W.W. North.

15. Said, E. (2003). *Orientalism*. London: Penguin Books.

به‌طور مثال کتاب مقایسه‌ی نقش نخبگان در فرایند نوسازی ایران و ژاپن ۱۹۲۰ ـ ۱۸۴۰ نوشته‌ی ناهید مطیع (۱۳۷۹) یکی از کتاب‌هایی است که به موضوع توسعه و مدرنیزاسیون در ژاپن و ایران پرداخته است. کتاب به بررسی تطبیقی نقش نخبگان در تکوین فرایند نوسازی در سال‌های ۱۹۲۰ ـ ۱۸۴۰ در دو کشور ایران و ژاپن می‌پردازد و دراین‌رابطه به نقش کلیدی این گروه در سه نهاد آموزش، سیاست و اقتصاد اشاره دارد. در این کتاب گرچه عوامل داخلی و خارجی برای تحلیل توسعه دو کشور در نظر گرفته شده است اما عنصر بارز و تاکیدشده‌براًن تفاوت در نظام سنتی آموزش در ایران و نوع مدرن آن در ژاپن است. نوع نظام آموزشی کشور ایران موجب ایجاد نخبگانی شده است که اغلب محافظه‌کار و سنتی بوده‌اند و عدم اتحاد آن‌ها با نخبگان تجددگرا همواره موجب شکست برنامه‌های داخلی توسعه بوده است. اما در ژاپن همراهی آموزه‌های کنفوسیوسی با آموزه‌های مدرن، نخبگانی مترقی پدید آورده است که مسیر توسعه در این کشور را پیش برده‌اند. نخبگان هر دو کشور، با خصوصیات منحصر به فرد جامعه‌ی خود، شکل قانون اساسی و نوع حکومت خود را تعیین کرده‌اند که همین امر موجب تفاوت دو کشور شده است. تقلیل پیشرفت در ژاپن و عدم آن در ایران صرفاً به موضوع حضور نخبگان و تفاوت در نظام آموزشی در زمره‌ی نگاه‌های فرهنگی به توسعه جای می‌گیرد و برای داشتن نگاهی دقیق و شناخت موضوع کافی نیست.[۱۶]

در نمونه‌ی دیگری محمد نقی‌زاده در مبانی تفکرات اقتصادی و توسعه‌ی ژاپن معتقد است: «جوامع بر طبق اندیشه و کردار خویش زندگی می‌کنند، نه آن‌طور که منابع فیزیکی مادی در اختیار دارند و یا سخن می‌گویند.»[۱۷] سپس در ادامه می‌آورد که پیش‌شرط توسعه اقتصادی ـ اجتماعی «فروش کلان ثروت ملی یا واردات عظیم و یا تحولات سیاسی و برنامه‌ریزی اقتصادی» نیست، بلکه نیاز به «نوعی فرهنگ و تفکرات اقتصادی و آموزش متجانس

---

۱۶. مطیع، ناهید. مقایسه نقش نخبگان در فرایند نوسازی ایران و ژاپن، تهران: شرکت سهامی انتشار، ۱۳۸۲.

۱۷. نقی‌زاده، محمد. مبانی تفکرات اقتصادی و توسعه ژاپن، تداوم و تغییر، تهران، شرکت سهامی انتشار، ۱۳۸۴، ص ۲۸.

با عصـر تمـدن صنعتی» دارد. ژاپن بـا اتکا بـه «تفکرات کنفوسیوسـی و حـس میهن‌پرسـتی» درعین اسـتفاده از اندیشـه‌ی غربـی توانسـت توسـعه یابـد. وی برنامه‌ریزی‌هـای حکومـت ژاپن و نـگاه بـه اقتصـاد و اجتمـاع و توسـعه‌ی آن را بـه «برتـری اخلاقـی ملـت ژاپـن بـر دیگـر ملـل آسـیایی و مقابلـه بـا هرگونـه نفـوذ خارجـی»[18] مربـوط می‌دانـد.

همچنیـن نسـرین حکمـی در مقالـه‌ی «ریشـه‌ها و ویژگی‌هـای توسـعه و نوسازی در ژاپن»، بـه شـرح کلـی توسـعه در ژاپن بـا توجـه بـه سـال‌های ۱۸۲۰ تـا ۱۸۹۰ می‌پـردازد. وی در ایـن مقالـه بـا تمرکـز بـر فرهنـگ سـنتی، آییـن مذهبـی کنفوسیوسی، پذیرفتـن تعلیمـات غربـی بـا حفـظ هویـت ژاپنـی و نقـش روشنفکران ایـن برهـه، بـه چگونگـی رشـد و توسـعه در ژاپن می‌پـردازد. حکمـی خلاصـه‌ای از اقدامـات توسعه‌محور میجـی ارائـه می‌دهـد و در زمینه‌هـای مختلـف ماننـد نظامـی، سیاسـی، روابـط اقتصـادی نیروهـای دولتـی و خصوصـی، آموزشـی و فرهنگـی تغییـرات به‌وجودآمـده را بررسـی می‌کنـد. در ایـن پژوهـش نیـز محور اصلـی مقایسـه‌ی دو کشـور را مسـائل فرهنگـی تشـکیل می‌دهـد.[19]

ایـن نـگاه فرهنگـی بـه توسـعه‌ی ژاپـن در برابـر عقب‌ماندگـی ایـران نـه فقـط در محافـل دانشـگاهی بلکـه در ادبیـات روزمـره سیاسـتمداران ایرانـی و مـردم نیـز جـاری اسـت. به‌طورمثال در اوایـل دهـه ۸۰ شمسـی یکـی از نماینـدگان مجلـس شـورای اسلامی، ایـران را در آینده یـک ژاپـن اسلامی نامیـد. حتی در برنامه‌هـای ورزشـی کـه رقابـت ایـران و ژاپـن در رسـانه‌ی رسـمی پخـش می‌شـود ژاپـن بـه شـکلی منحصربه‌فرد و خـاص تعریـف می‌شـود و در مقابـل آن، نتیجـه‌ی شکسـت ایرانیـان بـه سـخت‌کوش نبـودن آن‌هـا توسـط گزارشـگران ورزشـی شـرح داده می‌شـود. امـا در نقطـه‌ی مقابـل نظریـات فرهنگـی، نظریـات انتقـادی قـرار دارنـد. نظریـات انتقـادی در موضعـی خـارج از نظـم موجـود جهانـی قـرار می‌گیرنـد و چرایـی بـه وجـود آمـدن نظـم فعلـی را بـه چالـش می‌کشـند. ایـن نظریـات تاریخـی

---

۱۸. همان، ص ۴۴.

۱۹. حکمی، نسرین. «ریشه‌ها و ویژگی‌های توسعه و نوسازی در ژاپن»، مطالعات جامعه‌شناختی، شماره‌ی ۴، ۱۳۶۹، صص ۱۳۳ تا ۱۶۶.

هستند و بـرای تحلیـل وضـع موجـود نـه تنهـا بـه تاریـخ پدیده‌هـا نـگاه می‌کننـد بلکـه فراینـد تغییـرات ایـن پدیده‌هـا را نیـز در بسـتر تاریخـی آن دنبـال می‌کننـد.[۲۰]

توسعه‌ی نابرابر: نظم تحمیلی

مارکس تاریـخ جهـان را تاریـخ مبـارزه‌ی طبقاتـی می‌دانـد. ایـن مبـارزه تضـاد بیـن نیروهایـی اسـت کـه یکـی اسـتثمارگر و دیگـری استثمارشـده اسـت. ازایـن‌رو نظـام سـرمایه‌داری بـا درهم‌کوبیـدن نظـم فئـودالـی شـکل جدیـدی از اسـتثمار را ایجـاد کـرد. کشـف آمریـکا و راه‌هـای تـازه‌ی دسـتیابی بـه آفریقـا، دسترسـی بـه بـازار هنـد شـرقی و چیـن، اسـتثمار امریـکا و مسـتعمرات دیگـر موجـب رشـد سـرمایه‌ی بـورژوازی اروپایـی و موجـب افزایـش تقاضـا بـرای مصـرف نیـروی بخـار و بـه وجـود آمـدن صنعتـی شـد کـه اواخـر قـرن هجدهـم را بـه دوره‌ی انقـلاب صنعتـی معـروف کـرد. افزایـش تقاضـای بازار موجـب شـد بـورژوازی بـرای گسـترش تولیـد خـود و دسـت‌یابی بـه سـرمایه‌ی بیشـتر بـه بـازار جهانـی راه پیـدا کنـد و بـا بهره‌کشـی از بـازار جهانـی بـه تولیـد و مصـرف همـه‌ی جهـان خصلـت جهان‌وطنـی بدهـد. ایـن خصلـت به‌قیمـت نابـودی صنایـع داخلـی و ملـی برخـی کشـورها ماننـد هنـد و چیـن تمـام شـد. مـواد خـام و محصـولات کشـاورزی کشـورهایی ماننـد ایـران و مصـر در قـرن نوزدهـم نـه طبـق نیازهـای بومـی ایـن کشـورها بـود و نـه از آن خودشـان بلکـه بـه بـازار جهانـی به‌خصـوص بـه بـازار بریتانیـا گسـیل داده مـی شـد. ایـن شـیوه‌ی تولیـد و مصـرف سـرمایه‌داری نویـن کشـورها را بـه یکدیگـر وابسـته کـرد. ایـن وابسـتگی بـه وابسـتگی روسـتا بـه شـهر، دهقـان بـه بـورژوا، سـرزمین‌های توسـعه‌نیافته بـه کشـورهای صنعتـی و شـرق بـه غـرب گسـترش یافت.[۲۱] ازایـن‌رو، توسـعه‌ی صنعتـی سـرمایه‌داری در اروپـا و حتـی ژاپـن و روسـیه فی‌البداهـه حاشـیه‌جهانی عظیـم از عدم‌توسـعه ایجـاد کـرد.

---

20. Cox, (1981), pp: 129.

21. Marx. K, Engels. F. *The Communist Manifesto*. From: Marxists Internet Archive: www.marxists.org, pp:26-29.

وابستگی جوامع ضعیف به کشورهای قدرتمند جهانی با الهام از مارکس به شیوه‌های دیگری شرح و بسط داده شد. یکی از مکاتبی که به شرح توسعه‌نیافتگی کشورهای جهان سوم پرداخته است و نگاه انتقادی به موضوع توسعه به شکل لیبرالیستی دارد «مکتب وابستگی» است. اندیشمندان وابستگی، توسعه‌نیافتگی جهان سوم را این‌گونه تبیین می‌کنند که توسعه‌یافتگی و توسعه‌نیافتگی دو پدیده‌ی جدا نیستند بلکه دو روی یک حقیقت واحد هستند. به همین علت توسعه‌نیافتگی گروهی از جوامع لازمه‌ی توسعه‌یافتگی گروه دیگر است.[۲۲] درنظر اندیشمندان وابستگی مشکل عمده‌ی کشورهای توسعه‌نیافته عدم‌وجود توسعه‌ی سرمایه‌دارانه نبود، بلکه بی‌حفاظ بودن در برابر سرمایه‌داری جهانی بود. دوس سانتوس می‌گوید: «توسعه‌نیافتگی قبل از آنکه حالت عقب‌ماندگی ماقبل‌سرمایه‌داری باشد پیامد و شکل ویژه‌ای از توسعه‌ی مبتنی بر سرمایه‌داری، معروف به سرمایه‌داری وابسته، است... وابستگی وضعیتی مشروط‌کننده است که در آن اقتصاد گروهی از کشورها مشروط به توسعه و گسترش اقتصاد کشورهای دیگر می‌شود». در حالت وابستگی کشورهای مرکزی با تفوقی که دارند، منابع جهانی و بازارهای کالا را دست‌کاری می‌کنند، آن‌ها دسترسی استثنایی به مواد خام کمیاب دارند و توانایی براندازی و تخریب ساختار سیاسی و برنامه‌های اقتصادی کشورهای کمتر توسعه‌یافته را نیز دارند.[۲۳]

یکی از پیشگامان این حوزه ایمانوئل والرشتاین بود که با طرح نظریه‌ی «نظام جهانی»[۲۴] به شهرت رسید. والرشتاین نظم موجود جهانی را نظمی سرمایه‌داری می‌داند که ساختاری واحد تشکیل می‌دهد. این ساختار واحد در درون خود به سه بخش تقسیم می‌شود که شامل جوامع مرکز، پیرامونی و نیمه‌پیرامونی است. جوامع مرکز همان جوامع توسعه‌یافته‌ی امروزی هستند که در سطح بالای اقتصاد سرمایه‌داری ایستاده‌اند. اما جوامع پیرامونی با

---

۲۲. ساعی، احمد. توسعه در مکاتب متعارض، تهران: قومس، ۱۳۸۴، ص: ۲۰.

۲۳. دیوب، اس. سی. نوسازی و توسعه، در جستجوی قالب‌های فکری بدیل، مترجم سیداحمد موثقی، تهران: قومس، ۱۳۸۶.

اقتصـادی ضعیف‌تـر و غالبـا کاربـر تحـت نفـوذ کشـورهای مرکـز قـرار می‌گیرنـد و سـرمایه و نیـروی کار خـود را در اختیـار ایـن کشـورها قـرار می‌دهنـد. جوامـع نیمه‌پیرامونـی هـم کشـورهایی هسـتند کـه برخـی از خصلت‌هـای مرکـز و پیرامـون را در کنار هـم دارنـد امـا اسـتقلال بیشـتری نسـبت بـه پیرامـون دارنـد. وی ادامـه می‌دهـد کـه ازایـن‌رو چیـزی بـه نـام توسعه‌ی ملـی وجـود نـدارد و توسـعه امـری اسـت کـه بـه کلیـت نظـام جهانـی وابسته است.[25]

در نظـام درحال‌گسـترش سـرمایه‌داری کشـورهای نیمه‌پیرامونـی، تهی‌دسـتان دوره‌گـرد و مددجویـی هسـتند کـه در پـی کسـب کمک‌هـای کشـورهای مرکزنـد بنابرایـن بـه عامـل و کارگـزار کشـورهای مرکـز بـدل می‌شـوند و نقـش زیرمجموعـه‌ی امپریالیسـم را ایفـا می‌کننـد، ایـن اگرچـه یـک راه ضـروری بـرای به‌دست‌آوردن آن مزیت نیسـت امـا یـک راه سـهل و آسـان و سـودجویانه بـرای رسـیدن بـه آن است.[26]

مکتـب وابسـتگی در دهه‌هـای ۵۰ و ۶۰ میـلادی در مقابـل نظریـات غالـب سـرمایه‌داری در کشـورهای جهان‌سـومی، خصوصاً امریـکای لاتیـن، گسـترش پیـداکـرد. رائـول پربیـش از نویسـندگان نسـل اول وابسـتگی، کـه جهت‌گیـری بیشـتری بـه سـمت خـارج داشـت، بـود. ایده‌هـای او در رابطـه بـا صنعتـی شـدن در نوشـته‌هایش پیرامـون آرژانتیـن در دهه‌هـای ۱۹۳۰ و ۱۹۴۰ منعکـس شـد. سـپس کاردوزو و اندیشـمندان نئومارکسیسـت، مکتـب وابسـتگی را فراتـر از نظریـات اولیـه‌اش تبییـن‌کردنـد. کاردوزو بـا نقـد نظریـات اولیـه‌ی وابسـتگی معتقـد اسـت عوامـل داخلـی کشـورها می‌توانـد مناسـبات کشـورهای مرکـز و پیرامـون را تغییـر دهـد. درنظـر وی بسـته بـه نـوع ائتلاف‌هـا و جنبش‌هـای سیاسـی واکنش‌هـای متفاوتـی می‌تـوان دیـد و اگـر سـاخت‌های وابسـتگی حوزه‌ی نوسـان‌ها را محـدود می‌کنـد، منازعـات سیاسـی و کنشِ گروه‌هـا می‌توانـد ایـن سـاخت‌ها را احیـا کنـد و یـا تغییـر دهـد. درنظـر کاردوزو تـا آنجـا کـه سـرمایه‌ی خارجـی بتوانـد خـود را بـه سـمت تولیـد و فـروش محصـولات بـرای مصـرف بـورژوازی محلـی هدایت

---

۲۵. ساعی، همان.

26. Wallerstein, Immanuel. (1979). *The Capitalist World-Economy*. Cambridge: Cambridge University Press, p: 89.

کنـد، انگیـزه‌ی توسـعه‌ی را در برخـی بخش‌هـای اقتصـاد کشـور وابسته فراهـم می‌کنـد.[27]

اندیشـمند نـروژی یوهانـس گالتونـگ نیـز بـا الهـام از نظریـات وابسـتگی امپریالیسـم را از دیـدگاه سـاختاری می‌نگـرد و معتقـد اسـت امپریالیسـم نوعـی رابطـه‌ی سـاختاری سلطه اسـت کـه بـا وجـوه سیاسـی، اقتصـادی، نظامی، فرهنگـی و ارتباطـی خـود موجـب نابرابـری شـدید درون کشـورها و بیـن کشـورهای جهـان شـده اسـت. وی معتقـد اسـت کـه وجـود مسئله‌ی شـراکت و گـره خـوردن منافـع نخبـگان کشـورهای مرکـزی و پیرامـون در جهـان حاضـر، نخبـگان سیاسـی و اقتصـادی کشـورهای پیرامـون را وادار می‌کنـد کـه براسـاس منافـع ایـن کشـورها فعالیت کنـد. ایـن رابطـه یـک رابطـه‌ی نابرابـر اسـت و بیـش از آنکـه بتوانـد منافـع کشـورهای توسعه‌نیافته را تامیـن کنـد بـه سـود کشـورهای مرکـز تمـام می‌شـود. وی بیـان می‌کنـد کـه منافـع مرکـز پیرامـون بـا مرکـز مرکـز گـره خـورده اسـت. در کشـورهای پیرامـون، مرکـز بیـش از مناطـق حاشیه‌ای و پیرامونـی رشـد می‌کنـد و از طریـق تجـارت و شـرکت‌های تجـاری خـود و ارسـال مـواد خـام بـه کشـورهای مرکـز درحـال خدمت‌رسـانی اسـت. ارزش مبادله‌ی این‌چنینـی نصیـب مرکـز می‌شـود و تنهـا خُرده‌ریزه‌هـای آن بـه مرکـز پیرامـون می‌رسـد.[28] در نتیجـه هـر دوی نخبـگان مرکـز و پیرامـون بـرای استثمار پیرامـون بـه سـود مرکـز شـریک یکدیگر هستند.

شـرح رابطـه‌ی مرکـز و پیرامـون و علـت عقب‌ماندگـی پیرامـون کـه ابتـدا از مارکـس آغـاز شـد بـا مکتـب وابسـتگی گسـترده‌تر شـد. امـا مکتـب وابسـتگی در تحلیـل وابسـتگی و توسعه‌نیافتگی جهـان سـوم نقـش نیروهـای داخلـی درکشـورهای پیرامونـی را بسـیار کم‌رنـگ می‌دانـد. آنتونیـو گرمشـی به‌عنوان یکـی از اندیشـمندان مطرح مکتب انتقـادی کـه بـا مفهـوم «هژمونـی» شـناخته می‌شـود، در تحلیـل کشـورهای حاشیه‌ای پـا را فراتـر می‌گـذارد و تحلیلـی تاریخـی و مـادی بـر مبنـای پویایـی گروه‌هـای اجتماعـی در ایـن کشـورها ارائـه می‌دهد. وی در

---

۲۷. چیلکوت، رونالد. *درآمدی بر مسائل اقتصادی کشورهای جهان سوم، نظریه های توسعه و توسعه نیافتگی*، ترجمه احمد ساعی، تهران: نشر علوم نوین، ۱۳۷۵

28. Galtung, Johan, (1971). *A Structural Theory of Imperialism, International Peace Research Institute*, Oslo, University of Oslo. pp: 80-110.

شـرح نظام‌هـای سیاسـی جهـان عنـوان می‌کنـد کـه دو نـوع نظـام سیاسـی وجـود دارد: نظـام سیاسـی هژمونیـک کـه در آن طبقـه‌ی حاکـم اغلـب بـه وسیله جلـب رضایت بر مردم حکومت می‌کند و نظام سیاسـی غیر هژمونیک کـه در آن ابزار حکومـت سرکوب و قهـر اسـت.[۲۹] کشـورهای توسعه‌یافته سرمایه‌داری از دسـته‌ی اول و کشـورهای حاشـیه‌ای توسعه‌نیافته یا جهان‌سـومی از دسـته‌ی دوم هسـتند.[۳۰] پویایـی ایـن برخـورد بـا سـاختار سیاسـی حاکـم بـه وسـیله یـک «بلـوک تاریخـی» ایجـاد می‌شـود. ایـن بلـوک می‌توانـد شـامل روشـنفکران، نیروهـای مذهبـی، کارگران شـهری و دهقانان، تحت لـوای منافع مترقی مشـترک باشـد. رهبری ایـن بلـوک در برخـورد بـا نظـام گذشـته و از میـان برداشـتن آن بایـد بتوانـد نظمـی جدید بیافریند و هژمونی خود را برقرار کند. هژمونی در برخورد گروه‌های اجتماعی بـا نظـام سیاسـی و اقتصـادی خاصـی ایجـاد می‌شـود یـا در ایـن پروسـه شکسـت خـورده و بـه سرنوشـتی عقیـم دچـار می‌شـود. گرمشـی انتقـال نظـم فئودالـی انگلسـتان بـه نظـم سرمایه‌داری در دهـه ۱۶۴۰ میـلادی و انقـلاب ۱۷۸۹ فرانسـه را به‌عنـوان نمونه‌هـای موفقـی نـام می‌بـرد کـه توانسـته‌اند بلـوک تاریخـی خـود را تشـکیل دهنـد و بـا ایجـاد نظـم جدیـد هژمونـی خـود را برقـرار کننـد.[۳۱]

ایـن موضـوع در ارتبـاط بـا کشـورهای پیرامونی کـه در سـال‌های جنـگ سـرد بـا عنـوان جهـان سـوم شـناخته می‌شـدند متفـاوت اسـت. کشـورهای پیرامونـی در مرحلـه‌ی تثبیـت هژمونـی بلـوک تاریخـی شـکل گرفتـه و در برانداختـن نظـم کهـن نـاکام می‌ماننـد. گرمشـی ایـن فراینـد را «انقـلاب عقیـم» می‌نامـد[۳۲] کـه در کشـورهای حاشـیه‌ای توسـط کشـورهای مرکـزی مختـل می‌شـود.[۳۳] همچنیـن ایـن بحـران در تثبیـت نظـم جدیـد، ماننـد دوران پـس از عقیـم مانـدن مشـروطه تـا روی کار آمـدن رضاخـان، یـا در واقـع در زمانـی کـه نیروهـای اجتماعـی خـارج از

---

29. Gramsci, A. (1971). *Selections from the Prison Notebooks*. Hoare, Q and Smith, G. N. (eds). London: Lawrence and Wishart, pp 123-205.

30. Cox, R. (1983). Gramsci, "Hegemony and International Relations: An Essay in Method". *Millennium - Journal of International Studies*. Vol. 12. No. 2, pp 162-175.

31. Gramsci, op cit, pp: 123-205

32. Passive Revolution

33. Gramsci, op cit, p 105.

نظـم حاکـم نتواننـد کنتـرل اوضـاع بحرانـی را بـه دسـت بگیرنـد، موجب می‌شـود کـه نظـم سـنتی گذشـته کنتـرل اوضـاع را به‌دسـت بگیـرد. گرمشـی ایـن شـرایط را «غیرهژمونیک» توصیـف می‌کنـد و احتمـال برآمـدن یـک شـخصیت کاریزماتیـک یـا همـان قیصـر را پیـش بینـی مـی کنـد[34] کـه درنتیجـه‌ی پذیـرش توسـط مـردم به‌صـورت یـک قهرمـان و نجات‌دهنـده ظاهـر می‌شـود.[35]

اندیشـمندان نئوگرمشیسـت حـوزه‌ی اقتصـاد سیاسـی بین‌الملـل بـا الهـام از مفهـوم هژمونـی داخلـی و همچنیـن شـق بین‌المللـی آن هژمونـی را در نظریـات بین‌الملـل شـرح و بسـط بیشـتری داده‌انـد. کاکـس در شـرح هژمونـی جهانـی معتقد اسـت ایـن مفهـوم از نـگاه گرمشـی بـا مفاهیـم سـلطه و هژمونـی در نظریـات گذشـته کامـلاً متفـاوت اسـت و نکتـه ابتدایـی در درک آن ایـن اسـت کـه بدانیم هژمونـی جهانـی چـه زمانـی آغـاز و در چـه زمانـی پایـان می‌یابـد. مثلا در برهـه ۷۵ـ۱۸۴۵ هژمونـی مسـتقر در کشـوری ماننـد بریتانیـا از مرزهـای ملـی فراتـر می‌رود تـا بتوانـد بـه منافـع نخبـگان حاکـم در بریتانیـا از طریـق اسـتقرار هژمونـی جهانـی خدمـت کنـد. ایـن هژمونـی نیازمنـد سـاختن یـک نظـم جهانـی بـا همراهـی کشـورهای متحد اسـت.[36] حـوزه هژمونـی در جهـان متحدانـی دارد کـه بـرای پیشـبرد منافـع خـود نقـش هژمـون و وجـود نظـم جهانـی را پذیرفته‌انـد.[37] کاکـس فاصلـه ۱۸۷۵ تـا اتمـام جنـگ جهانـی دوم در سـال ۱۹۴۵ را نظمـی غیرهژمونیک می‌دانـد امـا هژمونـی پـس از جنـگ جهانـی دوم بـا نـام «جهـان آزاد» توسـط بلـوک حاکـم داخلـی آمریکا ایجـاد شـد کـه متحدانـش شـامل کشـورهای عضـو سـازمان همـکاری و توسـعه اقتصـادی (OECD)[38]، نخبـگان حاکـم برخـی کشـورهای جهـان سـوم، نخبـگان حاکـم اروپـای غربـی و ژاپـن بـود.[39] همچنیـن نظـم سـرمایه‌داری بـا «توسـعه‌ی نابرابـر» همـراه اسـت و ایـن بـدان معناسـت کـه در ایـن نظـم، همـه سـرزمین‌های

---

34. Caesar

35. Gramsci, op cit, pp:219-226.

36. Cox. (1983), op cit.

37. Cox, (1987), p 215.

38. Organisation for Economic Co-operation and development

39. Augelli and Murphy, op cit, p: 133.

ملی در آن‌واحد نمی‌توانند در یک سطح از توسعه قرار گیرند.[40] برخلاف آن‌چه که در نظریات لیبرالیستی و فرهنگی موجود آمده است و بار توسعه‌نیافتگی بخش‌های حاشیه‌ای جهان را همواره بر دوش مردمان و فرهنگ آن‌ها انداخته است؛ شرح داده شده که چگونه توسعه نیافتن جوامع عقب مانده‌ی جهانی در گرو مناسبات بین‌المللی است. پدیده‌ی سرمایه‌داری یک نظم پیچیده و نابرابر را در جهان واقع ایجاد کرده است که آثار زیان‌بار آن به شکل عقب‌ماندگی، از دست دادن فرصت‌ها و منابع و جوامع شکست‌خورده در جهان سوم بروز کرده است. در مقابل انبوه زیادی از مردمانی که در این کره‌ی خاکی در حاشیه‌ی این جهان با فقر و فلاکت زندگی می‌کنند و برای زنده ماندن به هر چیزی در این جهان باید چنگ بیاندازند، بخش کوچکی در جهان قابل رؤیت است که ثروت، قدرت و سلطه را از آن خود دارد. جوامع «شکست‌خورده‌ای» چون ایران بارها به نام فرهنگ مادون در محافل رسمی و غیررسمی تقبیح شده‌اند به‌طوری‌که خودشان نیز این حس پستی و حقارت را باور کرده‌اند. ازاین‌رو برای مقایسه‌ی توسعه‌یافتگی کشور ژاپن و توسعه نیافتگی ایران لازم است تا از ادبیات تحلیلی غالب و همیشگی توسعه در ایران عبور کنیم و با رجوع تاریخی به چرایی وضع موجود به آگاهی دست یابیم. وضع فعلی ایران محصول به‌تنهایی ضعف داخلی نیست و درواقع برای درک شرایط فعلی و همچنین فرصت‌های پیشین ازدست‌رفته باید آن را در ظرف بین‌المللی و تأثیرات آن مشاهده کرد.

در این کتاب برای مقایسه‌ی توسعه در دو کشور ژاپن و ایران با استناد به نظریه‌های گرمشی و مقایسه‌ای تاریخی خواهد آمد که، درواقع کشور ژاپن در قرن هجدهم موفق به ایجاد یک بلوک تاریخی مترقی شد و این بلوک در غیاب دخالت کشورهای دیگر توانست نظم جدیدی در ژاپن ایجاد کند و از این طریق توسعه بومی خود را شکل دهد. در آغاز قرن بیستم ژاپن یک کشور صنعتی‌شده و مدرن بود که طبق تعریف یک کشور مرکزی به حساب می‌آمد و قابلیت همراهی با کشورهای هژمونیکی چون آمریکا را داشت. آمریکا پس

40. Gramsci, A. (1978). *The Return to Freedom in Selections from Political Writings 1910-1920*. Tr and ed: Hoare, Q. Londen: Lawrence and Wishart, p: 69.

از جنگ جهانی دوم، برای ایجاد یک هژمونی در جهان، ژاپن را وارد باشگاه متحدان توسعه‌یافته کرد که هم منافع نخبگان ژاپن را مرتفع می‌کرد و هم در نظم جهانی ایجاد شده به تثبیت هژمونی آمریکا کمک می‌رساند حال اینکه ایران همواره در نظم جهانی پیش از جنگ جهانی دوم و بعد از آن نقش پیرامونی را ایفا کرده است. با وجود جنبش‌های ترقی‌خواهانه مانند انقلاب مشروطه و جنبش ملی کردن صنعت‌نفت هیچ‌کدام قادر نشدند نظم نوین خود را برپا سازند. نقش کشورهای انگلیس، روسیه و آمریکا در عقیم کردن این جنبش‌ها بررسی خواهد شد. لذا ثقل نظری این پژوهش در حوزه‌ی مطالعات انتقادی مرتبط با ایران بر چارچوب ایده‌های آنتونیو گرمشی و اندیشمندان پساگرمشیستی است. در این نگاه عدم توسعه‌ی تاریخی در ایران برخلاف نمونه‌ی ژاپنی و سرنوشت عقیم جنبش‌های مترقی در این کشور نه ریشه در «فرهنگ» آن که ریشه در سلطه‌ی تاریخی قدرت‌های امپریالیستی در تاریخ مدرن آن دارد.

فصل دوم: توسعه در ژاپن

تروتسکی در جواب ویکو، یکی از معاصران پطر اول که گفته بود: «تزار روس گرچه مسیحی است، اما بر مردمی کندذهن فرمان می‌راند.» می‌گوید: «آن ذهن کند روس‌ها انعکاسی بود از آهنگ کند رشد اقتصادی، بی‌شکلی روابط طبقاتی و تهی‌دستی تاریخ داخلی.»
تروتسکی، *تاریخ انقلاب روسیه*، جلد اول، ص ۲۷

ژاپـن، ایـن کشـور کوچـک واقـع در شـرق قـاره‌ی آسیا کـه در حـال حاضـر چهارمین قدرت اقتصادی جهان پس از آمریکا، اتحادیه اروپا و چین است، در اوایـل قـرن هجدهـم کشـوری ناشناختـه و دورافتـاده محسـوب می‌شـد. ایـن کشـور گمنـام بـا ورود بـه قـرن نوزدهـم بـا شکسـت کشـور روسـیه جنجالـی به‌پا کـرد و نـام خـود را حداقـل در ایـران بـر سـر زبان‌هـا انداخـت. کشـوری کـه تـا مدت‌هـا به‌عنـوان تنهـا الگـوی توسعه‌یافتگی در آسـیا شـناخته می‌شد و همچنـان به‌عنـوان یکـی از قدرتمندتریـن و توسعه‌یافته‌ترین کشـورهای سـرمایه‌داری دیـده می‌شـود. ژاپـن کـه معمـولاً به‌عنـوان کشـوری بـدون مـواد خـام شـناخته می‌شـود در قـرن بیسـت و یکـم دارای پیشـرفته‌ترین محصـولات صنعتـی و الکترونیکـی اسـت. انـواع مختلـف اجناس ژاپنی در بیشـتر مناطـق جهان دیـده می‌شـود. کشـوری کـه در اکثر شـاخص‌های توسعه‌ی سـرمایه‌داری دسـت‌بالا را دارد. نظام سیاسـی ژاپـن سـلطنت مشـروطه اسـت کـه در کنـار امپراطـوری به‌عنـوان مقامی تشـریفاتی دارای پارلمان اسـت. احـزاب مختلفـی در ژاپـن فعالیـت می‌کننـد و حـزب لیبـرال دموکـرات، حـزب سوسـیال دموکـرات و حـزب کمونیسـت از احـزاب قدیمـی و پایدارتـر ژاپـن هسـتند کـه از زمـان شـکل‌گیری دموکراسـی ژاپـن در قـرن بیسـتم تا‌به‌امـروز موثرتریـن کنشـگران سیاسـی هسـتند. توسـعه و ترقـی ژاپـن بـا نـام اصلاحـات میجـی گـره

خورده است. اصلاحات میجی که در قرن هجدهم آغاز شد همگام با توسعه سرمایه‌داری در غرب، ژاپن را وارد بلوک توسعه‌یافتگی سرمایه‌داری کرد. نوع سرمایه‌داری شکل‌گرفته در ژاپن با نمونه‌ی غربی خود دارای تفاوت‌هایی بود گرچه در طبیعی بودن گذر از جامعه‌ی فئودالی به سرمایه‌داری با کشورهای غربی همسان بوده است. بلوک تاریخی شکل‌گرفته تحت لوای امپراطوری میجی در قرن هجدهم توانست سرنوشت ژاپن را به‌دست گیرد و نظم کهن آن را از بین ببرد. نظم نوین برپایه‌ی منابع و فرصت‌های بومی ژاپن ایجاد شد و تقویت‌کننده‌ی آن بود. با این وجود ژاپن در قرن نوزدهم با چالش‌های جهانی مواجه شد اما به‌دلیل مدارای هژمونی جهانی و در راستای شراکت با آن توانست تفوق خود را به‌عنوان یک کشور پیشرفته‌ی سرمایه‌داری حفظ کند.

برای بررسی چرایی توسعه‌ی سرمایه‌داری در ژاپن لازم است به گذشته بازگردیم و تاریخ مدرن ژاپن را مبنای آغاز تحلیل قرار دهیم. از این جهت در این فصل با مقدمه‌ی کوتاهی از نظام پیش از میجی شرایط ژاپن در شرف ورود به عصر مدرن را از نظر می‌گذرانیم. در ادامه با تمرکز بر عصر امپراطوری میجی که نقطه‌عطفی در ترقی ژاپن محسوب می‌شود مسیر توسعه‌ی آن را شرح می‌دهیم. نکته‌ی دیگری که در تحلیل ژاپن قابل توجه است ورود ژاپن به جرگه‌ی متحدان هژمونی غالب قرن بیستم به رهبری آمریکاست که مسیر هم‌سویی و مرکزیت جهانی ژاپن را به نمایش می‌گذارد. برهه‌ی پس از جنگ جهانی دوم و بازسازی خسارات جنگ، با ورود به مشارکت با هژمونی جدید جهانی به رهبری امریکا نیز موجب شکل دادن به بلوکی دیگر شد که نشانگر شکل‌گیری تازه‌ای از توسعه در ژاپن است. آنچه که در این فصل قابل اعتنا است نشان دادن این امر است که توسعه در ژاپن نه یک‌شبه ایجاد شد و نه حاصل فرهنگ والای ژاپنی بود. بلکه این توسعه حاصل روندی از شکل‌گیری گروه‌های مترقی در عصر میجی بدون هرگونه دخالت جدی خارجی و همچنین امکان ورود به پایگاه هژمونی جهانی به‌عنوان نظامی مرکزی، پس از جنگ جهانی دوم بود.

آغازی برای سیمای تازه‌ی ژاپن

برای درک آنکه ژاپن چگونه توانست از نظام فئودالی به نظام سرمایه‌داری عبور کند لازم است که ویژگی‌های اقتصادی، سیاسی و اجتماعی دوران توکوگاوا یعنی نظم پیش از مدرن شدن ژاپن را درنظر گرفت. در اواخر قرن شانزدهم بعد از سقوط حکومت شگونی آشی‌کاگا و یک دوره جنگ‌های داخلی، حکومتی در ژاپن شکل می‌گیرد که از آن به‌عنوان حکومت شگونی توکوگاوا یاد می‌شود.[41] حکومت شکل‌گرفته از ۲۵۰ منطقه، که «هان» نامیده می‌شدند، تشکیل می‌شد و در ادو (توکیو امروزی) مستقر شده و حدود دو قرن و نیم تداوم یافت تا در سال ۱۸۶۸ با جنبش میجی جای خود را به حکومت مجموعه‌ای از بوروکرات‌های ژاپنی داد که به نام امپراطور حکومت کردند و روند نوسازی ژاپن با این گروه آغاز شد.

بنیاد حکومت فئودالی توکوگاوا بر سپاهی‌گری استوار بود و رزمندگان سامورایی وابسته «شوگون»[42] طبقه‌ی ممتاز شناخته می‌شدند و در راس طبقات چهارگانه‌ی اجتماعی شامل سلحشوران، کشاورزان، پیشه‌وران و بازرگانان قرار داشتند. سامورایی‌ها که حکم بازوی نظامی این دوره نیز بودند مجبور بودند در شهرهای قلعه‌ای ساکن شوند و حق کشاورزی و بازرگانی را نداشتند و مستمری خود را از حکومت دریافت می‌کردند. در واقع، نظام باکوفو_هان[43] برپایه کشاورزی و مالیات فعالیت می‌کرد. حدود نوددرصد اقتصاد این دوره برپایه‌ی کشاورزی بود و دهقانان اجازه‌ی ترک زمین‌های خود را نداشتند و ملزم به پرداخت مالیات تعیین‌شده برپایه‌ی برنج بودند. شهرهای نظامی با فعالیت دهقانان بر روی زمین‌های کشاورزی و تجارت بازرگانان میان شهرها

---

41. Frédéric, L. (2002). *Japan Encyclopedia*. Cambridge: The Belknap Press of Harvard University Press, p 978.

۴۲. شگون‌ها بالاترین درجه‌ی نظامی و اداری حاکم بر ژاپن بودند. این لقب در ابتدا به سلحشوران نظامی داده می‌شد اما پس از قرن دوازدهم این لقب به رهبران حاکم هر نسل به ارث می‌رسیده است.

۴۳. برای به اختصار نام بردن نظام شگونی توکوگاوا به کار برده می‌شود.

به تدریج از قرن شانزدهم الی نوزدهم به شهرهای اقتصادی تبدیل شدند.[44] یکی دیگر از ویژگی‌های نظام باکوفو ـ هان قطع هرگونه رابطه با خارج به‌دلیل جلوگیری از نفوذ مسیحیت در کشور بود. ژاپن تا ۱۷۲۰ حضور غرب را ممنوع کرده بود و به غیر از روابط محدودی با کشورهای چین و هلند ارتباط خاصی با کشورهای دیگر نداشت.[45]

با شواهد در دسترس از دوران توکوگاوا، ژاپن دیرزمانی پیش از ورود هرگونه محرک سرمایه‌داری از غرب، به سطحی از توسعه رسیده بود که رشد اقتصادی در دسترسش بود و اقتصاد ملی به درجه‌ی بالایی از یک‌پارچگی رسیده بود.[46] اونو به نقل از تادائو اومسائو[47] می‌گوید ظهور ژاپن به‌عنوان یک کشور صنعتی غیرغربی «بسیار طبیعی» بود. او معتقد است دیدگاه سنتی که ژاپن را کشوری عقب‌مانده می‌دانست، نادرست است. وی استدلال می‌کند ژاپن و اروپای غربی دو جامعه‌ی منحصربه‌فرد در جهان به شمار می‌روند که هر دو در پیرامون قاره پهناور اوراسیا واقع شده‌اند. ژاپن و اروپای غربی در فاصله‌ی مناسبی (نه بسیار دور و نه خیلی نزدیک) از تمدن‌های بزرگ اوراسیا، یعنی چین، هندوستان و خاورمیانه قرار دارند. این کشورها بسیار کمتر از جوامع واقع در مرکز قاره، مورد هجوم قرار گرفته و ویران شدند، اما توانستند دستاوردهای مثبت این تمدن‌ها را جذب کنند. ژاپن و اروپای غربی تحت شرایط تاریخی مشابه از امپریالیسم متمرکز تا تمرکززدایی قدرت، ایجاد فئودالیسم، سپس مطلق‌گرایی و درنهایت سرمایه‌داری به‌طور مستقل و به موازات با یکدیگر توسعه یافتند.[48] این بدان معناست که درواقع ژاپن یک‌شبه

---

۴۴. رجب‌زاده، احمد. جامعه‌شناسی توسعه بررسی تطبیقی تاریخی ایران و ژاپن، تهران: سلمان، ۱۳۷۸، ص: ۲۵ ـ ۵۰.

45. Hane, M. (2013). *Modern Japan: a historical survey*. ed: Louis G. Perez. Westview Press, p 18.

۴۶. بیزلی، ویلیام، جی. *ظهور ژاپن مدرن، نگاهی به مشروطه‌ی ژاپنی*، مترجم شهریار خواجیان، تهران: ققنوس، ۱۳۹۳، ص:۳۰.

47. Tadao Umesao

۴۸. اونو، کینچی. *توسعه اقتصادی ژاپن: مسیر طی‌شده توسط ژاپن به‌عنوان کشوری درحال‌توسعه*، مترجم ناهید پوررستمی و شهرزاد مفتوح، تهران: انتشارات دانشگاه تهران، ۱۳۹۴، ص: ۱۵.

توسعه نیافته است بلکه در شرایط مساعد و همگام با نظم جهانی توانسته است توسعه‌ی بومی خود را به انجام برساند.

برقراری نظم نوین

قرن نوزدهم در ژاپن زمان آغاز برخی تغییرات سیاسی و اقتصادی است. برخی عوامل داخلی مانند بحران‌های اقتصادی و در پی آن انجام اصلاحات اقتصادی که موجب تقویت مناطقی از ژاپن شد و همراهی عوامل خارجی برای شکستن قوانین حکومت توکوگاوا راه را برای ایجاد حکومت میجی، به‌عنوان نظم سیاسی و اقتصادی جدید، باز کرد.

یکی از اساسی‌ترین عامل تغییر در ژاپن بحران اقتصادی عصر تنپو (۱۸۳۰ـ۱۸۴۴)[49] در اواخر حکومت توکوگاوا بود که با قحطی سنگین سال‌های ۱۸۳۳ الی ۱۸۳۶ تشدید شد. در دوران قحطی ژاپن به‌دلیل تغییرات آب‌وهوایی محصولات کشاورزی نابود شد و موجب آغاز سلسله اعتراضات و شورش‌ها در مناطق مختلف شد. این قیام‌ها شامل ۴۶۵ قیام روستایی، ۴۵ قیام دهقانی و ۱۰۱ شورش شهری در فاصله‌ی سال‌های ۱۸۳۴ تا ۱۸۳۶ بود.[50] در این میان برخی از قلمروهای تحت حاکمیت توکوگاوا که به دست حاکمان فئودالی (دایمو) اداره می‌شدند مانند قلمرو ساتسوما[51]، هایزن[52]، چاشو[53] و ساگا[54] به دلایلی چون وضعیت آب‌وهوایی بهتر که مانع از اثرات منفی قحطی شده بود و با کمک مشاوران اقتصادی، اقدام به اصلاحات گسترده‌ای کردند. اصلاحات اقتصادی چون تغییر در شیوه کشاورزی و تجاری کردن محصولات موجب شد قلمرویی چون ساتسوما به یکی از مرفه‌ترین

---

49. Tenpo crisis

50. Marcon, M. (2014). "Satō Nobuhiro and the Political Economy of Natural History in Nineteenth-Century Japan", *Japanese Studies. Vol. 34, No. 3*, 265–287, p 269.

51. Satsuma

52. Hizen

53. Choshu

54. Saga

قلمروهـای ژاپـن تبدیـل شـود و نخبـگان و حاکمـان آن در آینـده در ایجـاد اصلاحات میجی نقش عمده‌ای را ایفا کنند.[55]

در ایـن میـان ورود نیروهـای خارجـی بـه ژاپـن رونـد تغییـرات را در ژاپـن تسـریع کـرد. در سـال ۱۷۷۱ یـک کشـتی کـه بوسـیله یـک تبعیـدی روس و چندیـن مجـرم هدایـت می‌شـد بـه بنـادر ژاپـن نزدیـک شـد و در آنجـا خـود را شـهروند هلنـدی معرفـی کـرده و بـه حکومـت توکوگاوا تذکر داد کـه روسـیه در صـدد حملـه بـه بنـادر ژاپـن اسـت. ایـن موضـوع موجـب بی‌اعتمـادی حکومـت ژاپـن بـه تجـارت بـا تجـار روسـیه شـد و تـا اواسـط قـرن نوزدهـم و کم‌رنگ شـدن موضـوع تجـارت روسـیه بـا خـاور دور کشـتی‌های روسـیه اجـازه ورود بـه بنـادر ژاپـن را نیافتنـد.[56] انگلسـتان نیـز در اوایـل قـرن نوزدهـم خواسـتار تجـارت بـا ژاپـن شـده بـود امـا درنهایـت نتوانسـت توجـه حاکمـان ژاپـن را جلـب کنـد و یکـی از علت‌هـای مقاومـت در برابـر آن‌هـا، وقـوع جنـگ تریـاک بیـن بریتانیـا و چیـن در اوایـل قـرن بـود کـه موجـب شکسـت چیـن و هـراس ژاپـن از ایـن موضـوع شـده بـود. یکـی دیگـر از کشـورهایی کـه بـه تجـارت بـا کشـورهای آسـیای شـرقی در اوایـل قـرن نوزدهـم علاقه پیـدا کرده بـود ایـالات متحـده آمریکـا بـود. آمریکا کـه کشـتی‌ها و پایگاه‌هـای خـود را در اقیانوس آرام مسـتقر کـرده بـود بـرای محافظـت از کشـتی‌های دریایـی خـود بـه بنـادر ژاپـن و محافظـت آن‌هـا نیـاز داشـت.[57] از ایـن رو پـس از شکسـت در مذاکـرات اولیـه کـه توسـط تجـار آمریکایـی انجـام شـد چهـار نـاو نظامـی آمریکا (معـروف بـه کشـتی‌های سـیاه) بـا فرماندهـی ژنـرال پـری در سـال ۱۸۵۳ وارد خلیـج ادو شـدند و حکومـت توکوگاوا را تهدیـد کردنـد و مهلتـی سـه روزه بـه حکومـت دادنـد تـا معاهـدات آمریـکا را بپذیـرد.[58] پیـش از آن طبـق صحبـت نشـریات اروپایـی و آمریکایـی تصـور عمومـی در آن زمـان ایـن بـود کـه ایـن بـار درهـای بسـته گشـوده، یـا شکسـته و گشـوده خواهنـد شـد.[59] بـا اعمـال ایـن معاهـدات بنـادری چـون ادو

---

55. Marcon. (2014), 266.

56. Hane, op cit, pp 63-64.

57. Ibid, p 64.

۵۸. پرویزیان، پرویز. *نوسازی سیاسی ژاپن بعد از جنگ جهانی دوم*، تهران: کتابخانه مرکزی دانشگاه تهران، ۲۵۳۵، ص: ۵۰ ـ ۵۱.

۵۹. بیزلی. همان، ص: ۵۳.

و اوسـاکا بـه روی کشـتی‌های آمریکایـی بـاز شـد و تعرفه‌هـای تجـاری بـه نفـع واردات بسـته شـد و همچنیـن شـهروندان آمریکایـی دارای حقـوق و مصونیتـی بالاتـر از شـهروندان ژاپـن شـدند. در ادامـه معاهداتـی از ایـن قبیـل بـا انگلیـس، فرانسـه، روسـیه و هلنـد نیـز منعقـد شـد.[60]

ورود غـرب بـه ژاپـن همـراه بـا تغییراتـی بـود کـه نظـام توکوگاوا را بـا چالش‌هـای جـدی مواجـه کـرد. در ابتـدا قلمروهـای فئودالـی ژاپـن بـرای نزدیکـی بـه فرهنـگ غـرب اقـدام بـه فرسـتادن دانشـجو بـه غـرب کردنـد و همچنیـن چندیـن آموزشـگاه زبـان انگلیسـی در مناطـق مختلـف تأسـیس شـد. تقاضـای غـرب بـرای ابریشـم و چـای کارخانه‌هـا و زمین‌هـای کشـاورزی ژاپـن را وادار بـه تولیـد ایـن دو محصـول کـرد. همچنیـن نـرخ نقـره‌ی ژاپـن کـه نسـبت بـه قیمـت جهانـی افـت پیـدا کـرده بـود بـرای خارجیـان بـه موهبتـی تبدیـل شـد تـا در ازای مبادلـه‌ی نقـره‌ی ژاپـن بـا طـلا بـه سـود زیـادی دسـت پیـدا کننـد. همراهـی بحران‌هـای سیاسـی و اقتصـادی نظـام توکـوگاوا بـا تغییـرات اعمال‌شـده توسـط نیروهـای خارجـی، حـس تحقیـر ملـی را در ژاپنی‌هـا بـه‌علـت نابرابری‌هـای اقتصـادی و سیاسـی نویـن برانگیخـت و نیروهـای سیاسـی و به‌خصـوص قبایـل غـرب کشـور را بـه واکنـش واداشـت. نیروهـای سیاسـی طرفـدار امپراطـور و مخالـف دخالت‌هـای خارجـی را مردانـی از رده‌هـای پاییـنی طبقـه‌ی سـامورایی و حتـی تعـدادی انگشت‌شـمار از زنـان فعـال تشـکیل می‌دادنـد کـه قـادر بـه جـذب برخـی از اشـراف شـهری و روسـتایی نیـز بودنـد.[61] به‌طوری‌کـه در دهـه ۱۸۵۰ ایـن گروه‌هـا قـادر بـه اثرگـذاری بـر روی هفت منطقـه‌ی (دایمـو) مهـم در ژاپـن شـدند کـه برخی از آن‌هـا در بـالا نـام بـرده شـده‌اند. در ایـن میـان گرچـه نیروهـای باکوفـو قلمـرو چاشـو را شکسـت دادنـد امـا موجـب ایجـاد نیروهـای چریکـی شـدند کـه دهقانـان را نیـز، کـه سـال‌ها اجـازه‌ی اسـلحه بـه دسـت گرفتـن نداشـتند، بـه خـود جـذب کردنـد. درکنـار ایـن نیروهـا قبیلـه‌ی ساتسـوما بـا اسـتفاده از خزانـه‌ای کافـی کـه از اصلاحـات مالـی گذشـته بـه

---

60. Hane, op cit, p 66.

61. Gordon, A. (2003). *A Modern History of Japan: From Tokugawa Times to The Present.* New York: Oxford University Press, pp 52-53.

دست آمده بود اقدام به خرید تسلیحات از بازرگانان انگلیسی کرد.[62] از این رو درکنار چالش‌های خارجی، فقر و تورم، سامورایی‌ها و دهقانان و نیروهای سیاسی مخالف در برخی دایموها را در کنار امپراطور میجی، که در سال ۱۸۶۷ پس از مرگ پدرش به تخت نشسته بود، قرار داد. پس از یک دهه جنگ و شورش‌های داخلی، که پیش‌تر ذکر شد، نهایتاً نیروهای نظام توکوگاوا شکست خوردند و حکومت جدید میجی در سال ۱۸۶۸ آغاز شد.[63] قابل ذکر است که فشار نیروهای خارجی که در اواخر حکومت توکوگاوا تشدید شده بود گرچه یکی از عوامل اصلی تغییرات در ژاپن بود، اما علیرغم تأثیرات منفی بر نظام قدیمی، همان‌طور که در ادامه به تفصیل شرح خواهد داده شد، موجب عقیم شدن روند تغییرات و تحرکات نیروهای جانشین در ژاپن نشد.

درنهایت حکومت میجی توسط سامورایی‌های مخالف رابطه با خارجیان و اشرف‌زادگانِ با نفوذِ چند منطقه‌ی مهم ژاپن تشکیل شد. همان‌طور که آمد، دهقانان نیز در ایجاد این حکومت نقش بالفعلی را ایفا کردند زیرا آن‌ها در دوره‌ی توکوگاوا مورد استثمار شدیدی برای تولیدات کشاورزی قرار گرفته و درعمل در حاشیه‌ی جامعه‌ی ژاپنی جای گرفته بودند.[64] در نظم جدید برای مشروعیت‌بخشی و به‌عنوان نماد اتحاد حکومت، امپراطور به مقام ریاست دولت ترفیع‌مقام یافت و با طرح دو شعار عمده که درخواست جامعه‌ی ژاپنی بود، یعنی «اعاده‌ی حکومت به امپراطور» و «مقابله با نفوذ خارجیان»، به رهبری قبایل فئودال مخالف رسید. بلوک تاریخی که گرمشی آن را حاصل گردهم آمدن نیروهای مختلف جامعه زیر چتری از نیازهای مشابه می‌دانست به‌نوعی در ژاپن قرن نوزدهم شکل گرفت و توانست نظم جدید خود را بر جامعه غالب کند. مشابه این بلوک تاریخی در اوایل قرن بیستم در ایران، می‌توان شکل‌گیری انقلاب مشروطه را نام برد. اما همان‌طور که بعداً خواهد

---

62. Ibid, pp 56-57.

۶۳. استوری، ریچارد. *تاریخ ژاپن*، ترجمه فیروز مهاجر، تهران: پاپیروس، ۱۳۶۷، ص: ۹۳.

64. Kennon, J. (2012). *Democracy in Japan: From Meiji to MacArthur*. Lehigh Review. Vol. 20, p 18.

آمـد بلـوک تاریخـی ایران برخـلاف نمونه‌ی ژاپنی نتوانسـت نظم جدیـد خـود را بر جامعـه تثبیـت کند و بـا هجـوم دخالت‌هـای خارجـی از کارکرد افتـاد.

عصـر میجـی بـا تشکیل یـک دولت متمرکـز و نظـم بوروکراسـی آغـاز گشـت. برخـلاف آنچـه کـه در دیگـر بخش‌هـای آسـیا قابل رویـت بـود[65]، در ابتـدا اثـری از دخالت‌هـای خارجـی در ژاپن دیـده نمی‌شـد. ازایـن‌رو کشـور تغییرات تـازه‌ای را آغـاز کـرد. امپراطـور بـا کمـک اشرافِ مناطـق غربـی کـه پیش‌تـر از آن‌هـا نـام بـرده شـد توانسـت دیگـر مناطـق (هان) را بـرای انتقـال اختیارات خـود بـه دولت مرکـزی اقنـاع کند. ازایـن‌رو هان‌هـا بـه استان‌های مشـخصی تبدیـل گشـتند کـه حتـی می‌توانسـتند ده‌درصـد از درآمـد خـود را در اختیـار داشـته باشـند.[66]

ژاپـن بـا تثبیت وضعیت و اعمـال هژمونـی خـود در قـرن نوزدهـم توانسـت مسـیر صنعتـی شـدن را طـی کند به‌طوری‌کـه سیسـتم فئودالـی کهن دوران توکوگاوا توسـط دولت میجـی از بین رفـت و دولت به‌عنوان سـرمایه‌گذار اصلـی در صنعت نقـش بازی‌کـرد.[67] مسـیر تغییـر ژاپـن درواقـع بـا الهـام گرفتـن از غـرب آغـاز شـد. گرچـه نیروهـای ملی‌گـرای ژاپـن بـا شـعار مبـارزه بـا عامـل خارجـی دسـت بـه برانداختـن توکوگاوا زده بودنـد امـا درعمـل و در ادامـه بـرای پی‌ریـزی نظم جدید بـه غـرب به‌عنـوان یـک الگـو نگریسـتند. اولیـن اقـدام در راسـتای تغییـر در روابط خارجـی و شناسـایی جهـان غـرب فرسـتادن هیأتـی بـه نمایندگـی یکـی از دایموهـای معـروف بـه نـام ایواکـورا بـرای مذاکـره بـا غـرب بـود. سـپس شـکل‌گیری نیروهایـی کـه معتقـد بودنـد بایـد بـرای مدرنیزاسـیون هرچـه سـریع‌تر شـکل آسـیایی ژاپن را تغییـر داد.[68] الکسـاندر گرنچکـرون (۱۹۶۲) شـکل‌گیری سـرمایه‌داری در قـرن نوزدهـم را بـه سـه نـوع فـرض می‌گیـرد، سـرمایه‌داری در نـوع بریتانیایـی کـه بـا کمـک شـرکت‌ها و شـخصیت‌ها شـکل گرفـت امـا در آلمـان و اتریـش بـا کمـک بانک‌هـا توسـعه یافـت و در کشـورهایی ماننـد روسـیه و ژاپـن بـا کمـک دولـت،

65. Hane, op cit, p 84.

66. Ibid, pp 86-88.

67. Stearns, P, N, (1993). *The Industrial Revolution in World History*, Boulder, CO: Westview.

68. Maslow, S. (2018). "Japan's Foreign Policy". In: Hua, SH, editor. *Routledge Handbook of Politics in Asia*. Londen: Routledge, p 334.

انباشت سرمایه اتفاق افتاد، اگرچه روند سرمایه‌داری در ژاپن بسیار زودتر از روسیه رخ داده بود و در جنگ میان ژاپن و روسیه دیده می‌شد.[69] شکل دادن به الگویی از نظام حمایتی از بازار و صنایع نوپای داخلی در مقابل کالای باکیفیت‌تر اقتصادهای تثبیت‌شده‌ی بین‌المللی بود که به صنایع ژاپن کمک کرد تا در مدتی کوتاه با ارتقای قابلیت‌های رقابتی خود به عرصه‌ی رقابت جهانی وارد شوند.[70]

ژاپن در گذر از نظام فئودالی و برنامه‌ریزی برای توسعه‌ی سرمایه‌داری با عوامل مداخله‌گر از خارج از مرزهای خود و در واقع جهان غرب به شکلی که نظم موجود را دچار خلل کنند مواجه نشد و قادر بود با توجه به ظرفیت‌های داخلی مسیر ترقی را ترسیم کند. حکومت میجی نوسازی ژاپن را با سه هدف آغاز کرد: صنعتی‌سازی یا همان نوسازی اقتصادی، ایجاد قانون اساسی و پارلمان ملی (نوسازی سیاسی) و درنهایت توسعه‌ی خارجی با تمرکز بر توسعه‌ی نظامی.[71] هدف سیاست صنعتی در ژاپن به‌وجودآوردن صنایعی کارا و قادربه‌رقابت در صحنه‌ی بین‌المللی بوده بود. در این راستا سیاست صنعتی بر مسائلی چون هدف‌قراردادن آن بخش از صنایع که از رشد قابل‌توجهی برخوردارند، تشویق به ایجاد انحصارات چند قطبی در این بخش‌ها و تنبیه آن دسته از بنگاه‌هایی که از عملکرد خوبی برخوردار نیستند، حمایت گزینشی و کوتاه‌مدت از بازار داخلی، تاکید بر به‌وجودآوردن ترکیب مورد نیاز، به‌اجراگذاشتن سیاست‌هایی که موجب انتقال، توزیع و تسلط بر تکنولوژی گردند و پیوند دادن انگیزه‌های مالی با عملکرد صادراتی بود.[72] در دوران جدید میجی جهت صنعتی‌سازی ژاپن، صنایع سنگین در دستور کار قرار گرفت. همچنین گشایش معادن زغال سنگ، ذوب‌آهن، کشتی‌سازی و

---

69. Gerschenkrin, A, (1962). *The Approach to European Industrialisation: Economic Backwardness in Historical Perspective*, Cambridge Mass

۷۰. مور، برینگتون. *ریشه‌های اجتماعی دیکتاتوری و دموکراسی*، مترجم حسین بشیریه، تهران: مرکز نشر دانشگاهی، ۱۳۷۳.

۷۱. اونو، همان، ص: ۵۶.

۷۲. امیراحمدی، هوشنگ. *ابزارهای توسعه‌ی صنعتی تداوم وگسست*، مترجم علی‌رضا طیب، تهران: موسسه نشر و پژوهش شیرازه، ۱۳۷۷، ص:۱۵.

کارگاه‌های ماشین‌سازی از این دست صنایع بود. دولت برای نوسازی صنعت ابریشم‌ریسی و پارچه‌بافی اقدام به واردات ماشین‌آلات و استخدام متخصصان فنی خارجی کرد. توضیحات بالا بیانگر این است که در واقع در دهه‌های ابتدایی دولت نقش مستقیمی در فعالیت‌های صنعتی داشت و با گذر زمان این فعالیت‌ها به پیمانکاران و بخش خصوصی واگذار شد گرچه از سوی دولت به‌طور کلی رها نشد.[73]

پس از تثبیت دولت میجی و آغاز شکوفایی اقتصادی، جامعه‌ی ژاپن و نیروهای سیاسی و مدنی برای کسب آزادی‌های سیاسی از سال ۱۸۷۳ خواهان تصویب قانون اساسی شدند. ازاین‌جهت امپراطور میجی با فشار از جانب مردم در سال ۱۸۸۱ اعلام کرد که حکومت پارلمانی درطی ۱۰ سال آتی تأسیس می‌شود. برای مطالعه و تدارک مفاد قانون اساسی مطرح شده، وزیر هیروبومی ایتو[74] به مدت بیش از یک سال برای مشاوره با حقوق‌دانان آلمانی و بریتانیایی به اروپا رفت. درنهایت، در سال ۱۸۸۹ قانون اساسی میجی بر اساس مدل آلمانی اعلام شد و پس از انتخابات، نخستین پارلمان سلطنتی درسال ۱۸۹۰ تشکیل جلسه داد.[75] دیگر تغییر اساسی درحکومت میجی توسعه‌طلبی و ایجاد منطقه نفوذ پیرامون بود. از این جهت ژاپن با شکست استعمار چین در ۹۵ ـ ۱۸۹۴ و شکست روسیه در ۰۵ ـ ۱۹۰۴ توانست خود را به‌عنوان یک کشوری مرکزی به رخ بکشد و در همین راستا نفوذ خود را به کره و تایلند و درکل شرق آسیا گسترش داد.[76] ازاین جهت بود که در دو جنگ جهانی یکی از قدرت‌های کلیدی در جهان محسوب می‌شد و توانست به‌عنوان یک طرف جنگ وارد میدان شود.

<hr>

۷۳. مقصودی، نصرالله، استادحسین، رضا. «الگوی توسعه اقتصادی در کشور ژاپن»، مجله‌ی اقتصادی، شماره ۲۷ و ۲۸، ۱۳۸۲، ص:۳۷.

74. Hirobumi Ito

۷۵. اوری، شاورادوین. ژاپن در فراز و نشیب تاریخ، ترجمه‌ی حسین نجف‌آبادی فراهانی، تهران: بهار، ۱۳۷۹، ص:۱۰۱.

۷۶. اسمیث، دنیس. تاریخ اقتصادی ژاپن ۱۹۹۵ ـ ۱۹۴۵، ترجمه محمدحسین وقار، تهران: اطلاعات، ۱۳۷۷، ص: ۴۲ ـ ۴۱.

شریک نظم جهانی

جنـگ جهانـی دوم روابـط میـان دولت‌هـا را تغییـر داد خصوصاً به‌گونـه‌ای که به هژمونی بریتانیا در جهان پایان بخشید. ایالات متحده در یک پـروژه‌ی جهانی گسترش سرمایه‌داری درحالی‌که قدرت کشورهای رقیبی چون انگلیس، فرانسـه، ژاپـن و آلمـان بـه علـت جنـگ تضعیـف شـده بـود،[77] سلطه جهانـی را بدست آورد. شـکل هژمونی آمریکایی درتضاد با شکل بریتانیایی آن در امتداد قـرن نوزدهـم بـود، به‌خصوص‌کـه شـکلی چندجانبـه و متکـی بـه «تعـددگرایـی» داشـت.[78] بـرای ایـن منظـور سـازمان‌های چندجانبـه‌ای بایـد ایجـاد می‌شـدند تـا بتواننـد نقـش کلیـدی را بـرای هژمونی ایـالات متحـده ایفـا کننـد.[79] ایـن سـازمان‌ها شـامل صنـدوق بیـن المللـی پـول،[80] بانـک جهانـی[81] و سـازمان ملـل[82] بـود کـه همگـی در حوالـی سـال ۱۹۴۵ تشکیل شـدند. همچنیـن اوج نجـات کشورهای سـرمایه‌داری اروپـا در راسـتای سـاخت هژمونی آمریکا «طرح مارشال» در سال ۱۹۴۸ بـود. چراکـه کشـورهای اروپایـی پیـش از جنـگ جهانـی دوم و درخـلال جنگ‌هـای جهانـی تضعیـف شـده و مقـروض آمریـکا بودنـد و بـدون کمـک آن قـادر بـه حـل مشکلات مالـی خـود نبودنـد. در تاییـد ایـن نیـاز جان مینـارد کینز معتقـد بـود: « سیاسـت‌های داخلـی مـا پـس از جنـگ جهانـی دوم بـدون دخالـت آمریـکا دیگـر غیرممکـن اسـت». بـه غیـر از کشـورهای ضعیف شـده‌ی اروپایـی یکـی دیگـر از کشـورهایی کـه در طـرح نجـات آمریـکا قـرار داشـت ژاپـن بـود. از ایـن‌رو پـس از جنـگ جهانـی دوم ژاپن تحت نظارت شـدید ایـالات متحـده یک دولت ظاهراً دموکراتیک ولی بـه شـدت دیوان‌سالار بـرای بازسـازی کشـور

---

77. Panitch, L and Gindin, S. (2012). *The Making of Global Capitalism: The Political Economy of American Empire*. London: Verso, pp 203-204.

78. Gill, S. (1990). *American Hegemony and the Trilateral Commission*. New York: Cambridge University Press, pp 90-95.

79. Cox. (1981), op cit.

80. International Monetary Fund (IMF)

81. World Bank

82. United Nations

ایجـاد کـرد.[83] جـدا از ایجـاد یـک اقتصـاد سـرمایه داری جهانی، آمریکا توانست به‌کمک متحدان غربی اتحاد جماهیر شوروی و پس از آن در سـال ۱۹۴۹ چین را در انـزوا قـرار دهـد. اتحـاد هژمونیـک غـرب توانسـت بر بحـران رکـود پس از جنـگ غلبه کنـد. پس از بهبـود سرمایه‌داری جهانی، سـازمان دیگری نیـز به نام «سـازمان همکاری‌هـای اقتصادی و توسعه»[84] در جهت حفظ هژمونی آمریکا در سـال ۱۹۶۰ تأسیس شـد.[85] ایـن اتحـاد شـامل دو کشـور کانادا و ژاپن هـم بود که البته ژاپـن پیـش از آن از طرح مارشـال نیـز بهره‌منـد شـده بـود. ایـن نظـم جدیـد اقتصـادی بـرای متحـدان آمریکا بسیار سـودمند بـود و موجـب شـد بـا شـوق به استقبال از تثبیت هژمونـی ایالات متحده برونـد.

ژاپن همان‌طورکه موفـق شـد نظم جدیـد خـود را که گـذر از نظـام فئودالی بـه سـرمایه‌داری بـود بـه کمـک حکومـت میجـی تثبیـت کند، توانسـت قـدرت اقتصـادی خـود را نیـز پس از جنـگ جهانی دوم بازسـازی کند و گسـترش دهد. پیش‌ازآن قـدرت اقتصـادی و سیاسـی کشـور ژاپـن در قـرن بیسـتم ایـن توانایـی را بـه ژاپـن اعطـا کـرده بـود کـه بتوانـد همپـای دیگـر کشـورهای توسعه‌یافته میـان مناسـبات جهانی نقـش ایفـا کند. حتی پس از شکسـت ژاپـن در سـال ۱۹۴۵ ضرورت‌هـای هژمونـی جهانی ایالات متحـده کـه ذکـر شـد موجب گردیـد دولت‌های همـراه بـا هژمونـی آمریکا روی بازسـازی ژاپن بـه به‌عنوان یک متحد سـرمایه‌گذاری کننـد.[86] در ایـن میـان امـا رفتـار کشـورهای مرکـزی بـا کشـورهای حاشیه‌جهانی و کشـوری چون ایران کامـلاً متضـاد بـا ژاپـن بـود. بدین‌صورت کـه جنـگ جهانی دوم بـا بـاز کـردن فضایـی بـرای شـراکت بـا هژمونـی جدیـد، بـرای ژاپـن منشـأ ترقـی اقتصـادی بـود. ژاپـن گرچـه بـا حملات اتمـی سـختی توسـط ایالات متحده مواجـه شـد و پـس از پایان جنـگ بـه اشـغال آن درآمـد و همچنین گرفتـار کمبـود و تـورم شـدید ناشـی از جنـگ شـد امـا در سـال‌های جنـگ فقط بخشـی از زیرسـاخت‌های نظامـی و دریایـی خـود را از دسـت داده بـود. در پایان

83. Harvey, op cit, p:12.

84. Organisation of Economic Cooperation and Development (OECD)

85. Cox. (1987), p 216.

86. Panitch and Gindin, op cit, pp 203-204.

جنگ جهانی دوم، اهداف اشغال ژاپن توسط ژنرال آمریکایی مک آرتور تبیین شد که شامل خلع‌سلاح و غیرنظامی ساختن ژاپن، مجازات مسئولان جنگ اقیانوس آرام و ایجاد یک نظام سیاسی دموکراتیک‌لیبرال در ژاپن بود. این بدان معنا بود که ورود ژاپن به بلوک دموکراتیک (کشورهای غربی) حاشیه‌ای امن برای این کشورها ایجاد می‌کرد.[87]

وضعیت اقتصادی و سیاسی ژاپن پس از جنگ در بحرانی قابل‌توجه قرار گرفته بود و در سال‌های ابتدایی پس از جنگ، اقتصاد ژاپن با دو حمایت مصنوعی، یعنی پرداخت یارانه و کمک‌های آمریکا به سختی به حیات خود ادامه می‌داد.[88] در سال ۱۹۴۶ یعنی یک سال پس از پایان جنگ، کمبودها بسیار شدید بود و سطح زندگی مردم در پایین‌ترین حد خود قرار داشت؛ به‌خاطر کمبود شدید مواد غذایی، بیم آن می‌رفت که مردم بی‌شماری در اثر گرسنگی بمیرند. یکی دیگر از تأثیرات اساسی جنگ بر وضعیت مردم این بود که با بازگشت سربازان و غیرنظامیان از جبهه‌های جنگ و مستعمرات پیشین به وطن خود، بیکاری یک مشکل جدی شد. اقداماتی چون چاپ پول برای تامین مالی یارانه‌ها توسط دولت تورم را به شدیدترین حد خود رسانده بود و همچنین تجارت خارجی به‌شدت توسط نیروهای متفقین کنترل می‌شد.

امریکا تا اواسط دهه ۱۹۶۰ برای بازسازی و سرپا نگه داشتن اقتصاد ژاپن عمدتا بر علیه رقبای چینی و اتحاد جماهیر شوروی از ژاپن حمایت می‌کرد. این سخاوت از جهت دیگری برای این بود که کشورهای سرمایه‌داری مازاد کسری بودجه‌ی خود را از طریق جذب مازاد تولید کشورهای دیگر جبران کنند که البته ژاپن بیش از دیگر کشورها از این فرصت در جهت تقویت توسعه‌ی صادراتی خود استفاده کرد.[89] سیاست تدارکاتی آمریکا و هزینه‌های نظامی مربوطه در حدود بیست‌درصد واردات ژاپن را در سال‌های بین ۱۹۶۲ ـ ۱۹۴۵ تشکیل می‌داد. همچنین آمریکا موسسات بزرگ جهان از جمله بانک

<hr>

87. Kennon, op cit, p: 7.

۸۸. هالیدی، جان. امپریالیسم ژاپن، مترجم محمدرضا رضاخانی، چاپخش، ۲۵۳۵، ص: ۳۰ـ۲۹.

89. Harvey, op cit, p:13.

جهانـی را تشـویق بـه اعطـای وام‌هـای کلان بـه ژاپـن کـرد. ژاپـن در سـال ۱۹۵۲ بـه بانـک جهانـی پیوسـت و از آن سـال بـه بعـد شـروع بـه گرفتـن وام از بانـک کـرد به‌طوری‌که پـس از مدتـی ژاپـن پـس از هند بزرگ‌ترین وام گیرنـده‌ی جهـان بـود. ژاپـن تـا سـال ۱۹۶۹ بـه گرفتـن قـرض از بانـک ادامـه داد. تمـام وام‌هـای بانـک جهانـی بـه ژاپـن، صـرف احداث زیرساخت‌های صنعتـی نظیـر نیروگاه‌هـای بـرق، بـزرگ‌راه و قطارهـای تنـدرو می‌شـد. در واقـع هیـچ یـک از کمک‌هـا بـرای آمـوزش، سـلامت، توسعه‌ی مناطـق روسـتایی یـا سـایر برنامه‌هـای بخـش اجتماعـی هزینـه نمی‌شـد بلکـه وام‌هـای بانـک جهانـی بـه بانـک توسعه‌ی ژاپـن داده می‌شـد و از طریـق ایـن بانـک در اختیـار پروژه‌هـای صنعتـی موردنظر قـرار می‌گرفت. بـه غیـر از تجـارت تحـت کنتـرل، آمریـکا به‌منظـور رفـع کمبـود مـواد غذایـی و کالاهـای مصرفـی بسته‌هـای اقتصـادی بسیاری بـرای ژاپن تهیـه کرد که بالـغ بر ۱/۹۵ میلیـارد دلار در سـال‌های ۱۹۵۰ـ۱۹۴۶ می‌شـد.

ژاپـن بـرای راه‌انـدازی دوبـاره‌ی تولیـد خـود نیازمنـد تعـداد معـدودی کالای وارداتـی بـود و در نهایـت در اواسـط سـال ۱۹۴۶ آمریـکا بـا واردات چنـد کالا موافقـت کـرد همچنیـن موافقـت بـا واردات نفـت سـنگین، یکـی از مـواد مـورد نیـاز ژاپـن، بـه تولیـد زغال‌سـنگ بـرای صـدور بـه آمریـکا مشـروط شـد. همچنیـن سـرمایه‌گذاری آمریـکا تـا سـال ۱۹۷۰ در حـدود ۶/۵ برابـر سـرمایه‌گذاری ژاپـن در آمریـکا بـود. بـا توجـه بـه اینکـه تجـارت مـازاد ژاپـن بـا ایالات متحده در سـال ۱۹۷۱ بـه دو میلیـارد دلار یعنـی سی‌درصـد کل تجـارت مـازاد کشـور بالـغ گردیـد، دولـت آمریـکا وادار شـد بـرای مقابلـه بـا شـدت آن اقدامـات جدیـدی را ماننـد مقـررات محدودیـت واردات از ژاپـن و افزایـش میـزان نفـوذش در ژاپـن انجـام دهـد.[۹۰] آمریـکا واحدهـای تجـاری بـزرگ معـروف بـه «زای باتسـو» را کـه متهـم بـه کمـک نظامـی هـم بودنـد، منحـل کـرد. ایـن کار را بـه نـام عدم‌تمرکـز اقتصـادی انجـام دادنـد و معتقـد بودنـد سـطح تمرکـز اقتصـادی آن‌ها موجـب تنـزل سـطح دسـتمزدها و جلوگیـری از شـکل‌گیری طبقـه‌ی متوسـط در ژاپـن شـده اسـت. «برخـی از ناظـران مسـائل ژاپـن براین گمـاننـد کـه آن دسـته از شـرکت‌های زای

---

۹۰. همان. صص: ۲۶۵ـ۲۶۴.

باتسـو در حمـلات اسکـاپ[91] موردهـدف قرار گرفتنـد کـه در دوره‌ی پیـش از جنگِ اقیانـوس آرام رقبـای جـدی شـرکت‌های آمریکـایی بودنـد».[92]

همان‌طورکـه ذکـر شـد آمریکـا کـه در جهـت تقویـت هژمونـی خـود نگـران قـدرت گرفتـن بلـوک شـرق یعنـی چیـن و شـوروی شـده بـود شـورای ملـی سیاسـت بهبـود اقتصـادی ژاپـن را به‌مثابه‌ی سـنگری در برابر چیـن مورد حمایـت قرار داد. از ایـن جهـت در سـال ۱۹۵۱ کنفرانـس صلـح در سان‌فرانسیسـکو برگـزار گردیـد و معاهـده‌ی صلـح در تاریـخ ۸ سپتامبر به‌امضـا رسـید. سـاعاتی بعـد یـک پیمـان امنیتـی میـان ایـالات متحـده و ژاپـن بـه امضـا رسـید و ژاپـن را بـه نظـام امنیتـی آمریکـا پیونـد داد. فشـار پـس از جنـگ جهانـی دوم شـامل تغییـرات در حـوزه‌ی سیاسـیِ ژاپـن نیـز بـود، به‌طوری‌کـه در سـال ۱۹۴۷ قانـون اساسـی جدیـدی بـا لحـاظ کـردن مـواردی چـون حق‌حاکمیـت مـردم، نمـادی بـودن امپراطـور، امتنـاع از جنـگ و دراختیـار نداشـتن نیـروی نظامـی، تضمیـن حقـوق اولیـه بشـر و تفکیـک قـوا در آن نوشـته شـد. ایـن قانـون اساسـی تعبیـر متعارفـی از لیبرال‌دموکراسـی بـود و مجلـس شـورای انتخابـی جـای مجلـس اعیـان را گرفـت، ایـن بازنگـری به‌دلیـل تقویـت و تکمیـل مجلـس نماینـدگان انجـام گرفـت و بدیـن ترتیـب مجلـس را نسـبت بـه گذشـته قدرتمندتـر کـرد.[93]

همچنیـن در بحبوحـه‌ی جنـگ سـرد، در راسـتای مبـارزه بـا نفوذکمونیسـم در جهـان، حـذف و مبـارزه بـا نیروهـای چپ‌گـرا بـه شـکل رسـمی نیـز درآمـد. به‌طوری‌کـه انحصـار قـدرت توسـط حـزب لیبـرال دموکـرات در فاصلـه سـال‌های ۱۹۵۵ و ۱۹۹۳ و تحکیـم سـلطه‌ی محافظه‌کـاران، در اثـر تغییـر سـاختار سیاسـی ژاپـن از نظـام دوحزبـی بـه نظـام چندحزبـی، شـتاب گرفـت. در ایـن دوران حـزب سوسیالیسـت ژاپـن به‌دلیـل بیعت‌شـکنی جنـاح راسـت حـزب، تب‌وتـاب داخلـی حـزب، ظهـور احـزاب جدیـد و همچنیـن سـربرآوردن دوبـاره‌ی رقیـب قدیمـی‌اش یعنـی حـزب کمونیسـت ژاپـن ضربـه خـورد و قـدرت خـود را از دسـت داد. حـزب

---

91. SCAP: Supreme Commander for the Allied Powers

۹۲. اسمیث، همان، ص: ۸۰.

۹۳. نیری، یان. دموکراسی پارلمانی در ژاپن، مترجم مهناز ملکی‌معیری، مجلس و پژوهش، سال دوازدهم، شماره ۴۷، ۱۳۸۴، ص:۱۸۸.

کمونیست ژاپن که از احزاب بسیار قدیمی ژاپن بود در دهه‌ی ۱۹۵۰ با ائتلاف نیروهای دست‌راستی، به صحنه بازگشت و تا حدودی موجب تضعیف حزب سوسیالیست ژاپن شد. حزب سوسیالیست‌دموکرات ژاپن نیز در وضعیت بهتری به‌سر نمی‌برد. تعداد کرسی‌های آن‌ها در سال ۱۹۶۰ در انتخابات عمومی از ۴۰ به ۱۷ تقلیل یافت و پس از آن نیز غیر از سال ۱۹۸۳ که این رقم به ۳۸ رسید هیچ‌گاه نتوانستند به تعداد گذشته بازگردند.[۹۴] حذف نیروهای سیاسی چپ و حتی ملی‌گرا به شکلی سخت‌تر و غیردموکراتیک‌تر در ایران پس از جنگ جهانی دوم اتفاق افتاد. همان‌طور که در ادامه خواهد آمد نیروهای سیاسی چپ‌گرا مانند حزب توده و نیروهای ملی‌مذهبی مخالف شاه در فاصله‌ی سال‌های ۱۳۲۵ تا کودتای مرداد ۱۳۳۲ به تدریج تضعیف و حذف شدند. یکی از دلایل ذکر شده در جهت توجیه این شرایط همان دفاع از کشور در برابر نفوذ کمونیست‌ها ذکر می‌شد.

همکاری کشورهای مرکزی به رهبری آمریکا پس از جنگ جهانی دوم موجب جهش اقتصادی آن‌ها پس از دوران جنگ شد. دراین‌میان ژاپن استثنا نبود و همچون دیگر هم‌پیمانانش همان مسیری را طی کرد که کمپ کشورهای سرمایه‌داری کردند. رشد اقتصادی دهه‌های ۱۹۶۰ و ۱۹۷۰ موجب جهش سریع در مصرف انبوه کالاهای مصرفی بادوام شد. در این دوران سبک زندگی مردم ژاپن با تغییرات عمده‌ای مواجه شد. طبقه‌ی متوسط در ژاپن گسترده‌تر از گذشته شد به شکلی که تعداد کارمندان دولتی افزایش چشمگیری داشت. این افزایش موجب شد تا در شیوه‌ی مصرف آن‌ها به‌عنوان طبقه متوسط نیز تغییراتی ایجاد شود و آن‌ها به خرید اجناسی مانند تلویزیون، کولر، ماشین لباس‌شویی و ... روی آوردند. همچنین سبک زندگی مردم ژاپن در این دوران به سمت غربی شدن حرکت کرد و نوع پوشش، تغذیه، خوراک و ... آن‌ها را تحت تأثیر قرار داد. ژاپن با افزایش تولید و رشد صنایع توانست نیروی کار مازاد خود را به صنایع بزرگ تزریق کند. با اصلاحات ارضی پس از جنگ و ورود ماشین‌آلات جدید، کشاورزی در ژاپن تغییر کرد و بسیاری زارعان را به

---

۹۴. اسمیث، همان، صص: ۱۴۰ـ۱۳۷.

صورت پاره‌وقت درآورد و در ادامه با بالا رفتن نیاز صنعت به نیروی‌کار این افراد به شهر روانه شدند و در دوران جهش رشد، بخش بزرگی از جمعیت روستایی ژاپن به جمعیت شهری مبدل شدند.۹۵

با این حال سرمایه‌داری جهانی با ورود به دهه ۷۰ میلادی دچار بحران اقتصادی شد که درنتیجه‌ی آن بیکاری گسترده و تورم به‌طور همزمان افزایش یافت. دراین‌حین چرخش به سوی نئولیبرالیسم ابتدا از سمت ایالات متحده و بریتانیا آغاز شد و سپس به کشورهای هم‌پیمان توصیه و در نقاط حاشیه تحمیل شد. نئولیبرالیسم در دهه ۱۹۷۰ گرچه به طور کامل موجب کاهش بحران‌های اقتصادی جهان توسعه‌یافته نشد اما در ژاپن و کشورهای موسوم به ببرهای آسیای شرقی و آلمان غربی مقاومت در برابر نئولیبرالیسم فراگیر موجب موفقیت آن‌ها در ادامه‌ی رشد اقتصادی شد. «نئولیبرالیسم خزنده» در این کشورها گرچه با سیاست‌های پولی بانک‌های این کشورها همراه بود اما سرمایه‌گذاری دولتی در فعالیت‌های فناورانه و رقابت تنگاتنگ شرکت‌ها و بانک‌ها، که مورد حمایت دولت بودند، موجب شد ژاپن بتواند در بحران‌های تورم و کاهش شدید رشد ناخالص ملی خود در اواخر دهه ۷۰ میلادی بهتر دوام بیاورد.۹۶

نئولیبرالیسم که در جواب بحران دهه‌ی ۷۰ میلادی سرمایه‌داری جهانی توسط دولت تاچر در انگلستان و ریگان در ایالات متحده امریکا طرح‌ریزی و اجرا شد، درواقع نوع دیگری از «توسعه‌ی نابرابر» در جهان را به‌تصویر می‌کشد. همان‌طور که نظم لیبرالیستی دوران هژمونی بریتانیا موجب توسعه یافتن برخی از نقاط دنیا به‌قیمت عقب ماندن دیگر نقاط شده بود، نظم جدید نئولیبرالیسم آمریکایی و متحدانش همان اثر را در حاشیه و مرکز جهان حفظ کرده است. ژاپن پیش از این بحران وضعیت خود را در نظم جهانی تثبیت کرده بود و با حمایت‌های دولتی توان مقاومت و تصمیم‌گیری در برابر نظم تحمیلی را تا حدی به‌دست آورده بود. گرچه در نهایت با ورود به دهه‌ی

۹۵. مقصودی، نصرالله، استادحسین، رضا. «الگوی توسعه اقتصادی در کشور ژاپن»، مجله‌ی اقتصادی، شماره ۲۷ و ۲۸، ۱۳۸۲، صص ۳۷ تا ۵۱.

96. Harvey, op cit, p: 89-90.

۹۰ میلادی آمریکا توانست کشورهای جهان را، اعم از توسعه‌یافته چون ژاپن و درحال‌توسعه چون کشورهای آمریکای لاتین، برای اجرای سیاست‌های نئولیبرالی تحت فشار قرار دهد و این اقدام موجب شد بحران‌های اقتصادی در ژاپن شدت گیرد و سیاست‌های نئولیبرالی دهه‌ی ۹۰ میلادی بر ژاپن تأثیرات منفی خود را برجا گذارد. به‌عنوان مثال، پس از ترکیدن حباب سهام در اوایل ۱۹۹۰، ژاپن از یک داستان موفق از رشد اقتصادی دهه‌ی ۸۰ میلادی، همچون دیگر همتایانش در اروپا، به یک اقتصاد همراه با مشکلات فراوان اعم از رکود، جامعه‌ی پیر و اقتصاد افت‌کرده تبدیل شد. در اوایل دهه‌ی ۹۰، اقتصاد ژاپن از رشد به رکود تبدیل شد. ژاپن در این دهه علاوه بر کندی رشد اقتصادی دچار یک رخوت نسلی نیز شد و جمعیت آن به سرعت رو به پیری حرکت کرد و همچنین نابرابری درآمدها از سال ۱۹۸۰ تا ۱۹۹۲ به‌شدت افزایش یافت.

نظم نئولیبرالیسم در ژاپن و ایران نیز مسیر متفاوتی را طی کرده است. گرچه ژاپن همانند کشورهای هم‌پیمان خود در جهان گرفتار مشکلات مشابهی از اثرات نئولیبرالیسم شده است اما این اثرات در ایران شکل دیگری دارند. همان‌طور که در ادامه خواهد آمد ایران در دهه‌ی ۹۰ میلادی نه‌تنها توان به چالش کشیدن نظم موجود را همانند سیاست‌های حمایتی ژاپن نداشت بلکه بدون مقاومت یا برنامه‌ی مشخصی برای در کنترل گرفتن آن، ناچار به پذیرش آن در سال‌های ریاست جمهوری هاشمی رفسنجانی شد.

سخن پایانی

گزیده‌ای از تاریخ ژاپن که در مبحث بالا بیان شد به‌منظور آشکار ساختن مسیری است که این کشور و گروه‌های اجتماعی آن برای رسیدن به توسعه‌ی سرمایه‌داری طی کرده‌اند. این مسیر گرچه مسیری سهل و آسان نبوده است اما دارای امتیازهایی اساسی از شرایط بین‌المللی و شراکت آن با نیروهای مترقی داخلی بوده است. در این فصل تلاش بر این بود که از تفسیرهای

فرهنگی غالب بر توسعه‌ی کشوری چون ژاپن فاصله گرفته و با نگاهی انتقادی به چگونگی آن بپردازیم. سال‌ها باور «متفاوت و خاص‌بودن ژاپنی‌ها» برای تحلیل چرایی ترقی آن‌ها در ادبیات دانشگاهی و عامیانه‌ی ایران نیازمند تفکر نوینی برای تغییر دارد که برای رسیدن به آن از مفاهیم گرمشی بهره بردیم. توسعه در ژاپن ناشی از شکل‌گیری یک بلوک تاریخی مترقی و متشکل از اکثریت نیروهای مترقی جامعه بود که در قرن نوزدهم توانست نظمی نوین به جامعه‌ی ژاپن ارائه کند. بلوک شکل‌گرفته به‌طور تقریبی شامل تمام اقشار جامعه‌ی ژاپن بود که پس از دو قرن حکمرانی نظام قدیم توکوگاوا توانست بقایای آن را ازبین ببرد و مسیر ترقی بومی و متفاوتی ایجاد کند. ژاپن در مسیر توسعه‌ی سرمایه‌داری خود با موانع و دخالت‌های خارجی بازدارنده مواجه نشد و تقریبا هیچ مانع خارجی بلوک شکل‌گرفته‌ی عصر میجی را درهم نشکست. دخالت‌های خارجی که در کشورهای حاشیه‌ای فعلی منجر به عقیم گشتن جنبش‌های مترقی شده است در ژاپن نقش خنثی و بعدها نقشی همراه بازی کرده است. ازاین‌رو انقلاب میجی در قرن نوزدهم توانست ساختار فئودالی ژاپن را به سرمایه‌داری صنعتی تبدیل کند و این مسیر توسعه با همراهی یک دولت قوی که قادر به حمایت از اقتصاد داخلی بود به انجام رسید. صنعتی شدن و نوسازی، ژاپن را به یک کشور مرکزی در معادلات جهانی تبدیل و حتی آن را قادر به مداخله در امور کشورهای ضعیف‌تر همجوار کرد. در آغاز قرن بیستم درتلاقی کشورهای توسعه‌یافته باهم، ژاپن همانند بقیه توانایی ایفای نقش داشت.

نقطه‌ی عطف دوم تاریخ ژاپن را می‌توان پس از جنگ جهانی دوم جستجو کرد. ژاپن در جنگ جهانی دوم متحمل شکست شد و مورد اشغال آمریکا قرار گرفت. بااین‌وجود زیرساخت‌های صنعتی آن و حمایت‌های همه‌جانبه‌ی آمریکا جهت حفظ این کشور به‌عنوان شریک هژمونی جهانی، مانع از فروریختن آن شد. ژاپن که پیش از جنگ توانسته بود خود را در سطح کشورهای صنعتی دیگر قرار دهد، پس از جنگ هم باید برای حفظ منافع جهانی و هژمونی ایالات متحده حمایت می‌شد. این نوع برخورد پس از جنگ حاصل شکل

جدید توسعه‌ی نابرابر توسط نظام طراحی شده‌ی نئولیبرالیستی بود. توسعه در ژاپن پس از جنگ جهانی دوم نه حاصل فرهنگ خاص آن‌ها، بلکه حاصل همسانی و همراهی نظام اقتصادی کشور با همتایان غربی خود بود. حتی می‌توان انقلاب میجی ژاپن را با انقلاب کبیر فرانسه و انگلستان مقایسه کرد. موفقیت هر سه مورد حاصل شکل‌گیری یک بلوک تاریخی مترقی بود که توانست نظم قدیمی و ناکارآمد را کاملا از بین ببرد و شکلی جدید از روابط اقتصادی سیاسی ایجاد کند و هرسه مورد این مسیر را بدون وقفه از خارج از نظام موجود طی کردند. جنبش‌های ترقی‌خواهانه در هیچ‌یک از سه کشور یادشده به علت دخالت بیرونی عقیم نشدند و توانستند نیروهای اجتماعی دیگر را زیر چتر حمایتی خود گردهم آورند.

فصل سوم: ایران در آستانه‌ی ورود به مدرنیته

« از خراسان و آذربایجان و کردستان و خمسه و طهران هرچه دیدم صحرای لایتناهی و
دهات خشت‌وگلی است و مشتی مردم لخت و عریان با لباس ژنده و شکم گرسنه دچار
جهل و بی‌سوادی و مبتلای به انواع امراض در آن می‌لولیم. جز فقر و ظلم و تباهی در
سراسر مملکت هیچ چیز به چشم نمی‌خورد.»
خاطرات احتشام‌السلطنه، به کوشش سید محمدمهدی موسوی، ص: ۱۳۳.

ایـران کشـوری اسـت در خاورمیانـه کـه در حـال حاضـر بـا مشـکلات اساسـی
اقتصـادی، سیاسـی و اجتماعـی دسـت‌وپنجه نـرم می‌کنـد کـه در طـول یک‌صـد
سـال اخیر به شـکلی ممتـد همـراه آن بوده‌انـد. بخـش حاشـیه‌ای اقتصاد و اجتمـاع
ایـران روزبه‌روز گسـترده می‌شـود چنان‌کـه در آخریـن آمارهـای بانـک مرکـزی
حـدود ۶۰ میلیـون از جمعیـت ۸۰ میلیونـی ایـران نیازمنـد دریافـت یارانه‌هـای
دولتـی هسـتند. بحران‌هـای اقتصـادی و سیاسـی در سـال‌های اخیـر بـه اشـکال
گوناگـون اعتـراض، اعتصـاب و حتـی سـرخوردگی اجتماعـی بـروز داده شـده اسـت.
بـه همیـن دلیـل و بـا چالش‌هـای روبه‌روی جامعـه‌ی ایرانـی، توسعه‌یافتگـی و ترقـی
ایـران بـه آمـال و آرزوی نیروهـای اجتماعـی تبدیـل شـده اسـت و تـلاش در جهـت
به‌دسـت آوردن آن بارهـا بـا شکسـت و بحـران مواجـه شـده اسـت.

سرنوشـت ایـران به‌عنـوان یـک کشـور حاشـیه‌ای[۹۷] در جهـان بـا آمیختـه شـدن
اجبـاری آن بـا اقتصـاد جهانـی توسـط کشـور انگلسـتان در اواخـر قـرن نوزدهـم و
شـروع قـرن بیسـتم گـره می‌خـورد. جـدال بـا تحقیـر و شکسـت نظامـی، رکـود در
شـرایط اقتصـاد نیمه‌فئـودالی، قحطـی و درنهایت دولتـی ضعیـف و غیرمتمرکـز کـه
در اختیـار دو قـدرت امپریالیسـتی انگلیـس و روسـیه بـود، دلایـل کافـی بـرای رقـم

---

97. Peripheral State

خوردن حرکتی نوین برای ترقی بودند. می‌توان گفت اولین حرکت و یکی از عظیم‌ترین جنبش‌های تاریخی مترقی شکل‌گرفته در ایران مدرن با نام «انقلاب مشروطه» شناخته می‌شود. مشروطه که در بحرانی‌ترین شرایط ایرانِ ادغام شده با نظام جهانی شکل گرفت و گرچه به دلایلی که خواهد آمد به یک «انقلاب منفعل» تبدیل شد اما اثرات آن در جای‌جای تاریخ مدرن ایران قابل ردگیری است. انقلاب مشروطه پس از به انجام رسیدن، به‌دلیل ناتوانی در برهم‌زدن نظم گذشته و به دلیل دخالت کشور روسیه و انگلستان به بار ننشست و نتوانست نظم جدید را به کمک بلوک شکل گرفته در ایران اعمال کند. زمین خوردن مشروطه در ادامه با فروپاشی اقتصادی، سرکوب نیروهای اجتماعی، بحران قحطی، ورود نیروهای متفقین به بهانه‌ی جنگ جهانی دوم و بحران شدید اجتماعی همراه شد. در بحبوحه‌ی شرایطی اسف‌بار رضاخان قزاق از قزوین با قشون خود وارد پایتخت شد و عنان مملکت را به‌دست گرفت. حکومت رضاخان یکی از بحث‌برانگیزترین دوران تاریخ مدرن ایران است. برخی او را نجات‌دهنده و پدر مدرنیته‌ی ایران می‌نامند اما برخی از او به‌عنوان سرکوب‌بگر و خائن به آرمان‌های مشروطه یاد می‌کنند. در هر دو نوع بررسی، چرایی سربرآوردن رضاخان و شرایط تاریخی آن مغفول می‌ماند یا این بررسی‌ها توانایی نگاهی ساختاری را ندارند. در فصل پیش‌رو دو برهه‌ی انقلاب مشروطه و نظم رضاخانی با نگاهی تاریخی و انتقادی با تکیه بر آرای گرمشی مورد بررسی قرار خواهند گرفت. دو دوره‌ی یاد شده به طور مقایسه‌ای همزمان با دوران آغاز توسعه در ژاپن در عصر میجی رخ داده‌اند. از این جهت مقایسه‌ی جهت‌گیری پیشرفت در ایران با مورد میجی در ژاپن قابل توجه است.

انقلاب عقیم مشروطه

برای درک آنچه که در انقلاب مشروطه اتفاق افتاد و اینکه چه اتفاقاتی منجر به توقف آن شد باید به دو شکل از فرایند بپردازیم: تغییرات قرن نوزدهم در بلندمدت و همچنین فرایندهای سریع و کوتاه‌مدت در چندسالِ

پیش از انقلاب. این حـوادث در اواخر قرن نوزدهـم و آغـاز قرن بیستم میلادی در همـه‌ی ابعـاد تأثیـرات عمیقـی بـر مـردم ایران گذاشـته اسـت. قـرن نوزدهـم بـرای ایران یک مرحلـه‌ی یک‌صدساله‌ی گـذر یک‌بـاره و تـاحدی اجبـاری از یک جامعـه‌ی روسـتایی و ایلاتـی بـه یک اقتصـاد جهانـی اسـت کـه بـرای آن نه برنامـه‌ای وجـود داشـت و نـه تـوان مقابله بـا غـارت نیروهای خارج از ایـران. این دوره بـا حکومـت قاجاریـان کـه پـس از یـک دوره‌ی طولانـی جنگ و خونریزی و آمدورفت دودمان‌هـای مختلـف بـه ثبـات سیاسـی دسـت یافتـه بودنـد، همـراه بـود. امـا عصـر قاجار در اواخر قـرن نوزدهـم و شـرایط بین‌المللـی، ایران را در آسـتانه‌ی وابسـتگی قـرار داد و پـس از آن ایران در سـاختار نظـام جهانی به‌عنوان یک کشـور پیرامونی ادامـه‌ی حیـات داد. وقایـع قـرن نوزدهـم را بایـد به‌عنوان وضعیت آغازیـن ایران بـرای ورود بـه عصـر مـدرن و جهانـی شـدن بـه مفهـوم فعلـی درنظر گرفت.

ایـران درابتـدای عصـر قاجـار و قـرن نوزدهـم دارای جامعـه‌ای روسـتایی و عمومـاً خودکفا بـود. ۲۰ الـی ۲۵ درصد جمعیت را کوچ‌نشینانی کـه شـامل ۱۵ ایل عمده بودنـد تشکیل می‌دادنـد و بیش از نیمی از جمعیت سـاکن نیز شامل دهقانانی می‌شـد کـه عمدتـاً به‌صـورت عامـل و صاحب‌نسـق فعالیت می‌کردند و تنهـا ۲۰ درصـد مـردم در شـهرهای بـزرگ و کوچـک زندگـی می‌کردنـد.[۹۸] زمینداران اصلی شامل شـاه، خانواده‌هـای سـلطنتی، رؤسـای ایلات، روحانیون، تجـار و مالـکان عـادی بودنـد.[۹۹] در بخش شـهری بازارهـا سـتون فقـرات نظـام اجتماعـی و اقتصـادی بودنـد و شـالوده‌ی زندگـی اقتصـادی و اجتماعـی در مراکـز مدنـی را تشـکیل می‌دادنـد و همچنیـن در بازارهـا تجار بـزرگ و متوسـط در رأس سلسـله مراتـب اجتماعـی قـرار می‌گرفتنـد.[۱۰۰] درآمـد دولـت قاجار از مالیـات گلـه‌داری و احشـام، مالیـات بـر دکاندار و کسب‌وکار، مالیـات از گمـرک، مصادره‌هـا، اجاره‌هـا، مقاطعـه و درآمدهـای ناشـی از امتیـازات و مالیـات اراضی تأمیـن می‌شـد. «مالیـات ارضـی مهم‌تریـن منبـع مالـی بـود کـه بـه دو شکل نقـدی

<hr>

۹۸. آبراهامیان، یروانـد. تاریخ ایران مدرن، ترجمه محمد ابراهیم فتاحی، تهران: نشر نی، ۱۳۹۷، صص:۴۹ـ۵۸.

۹۹. همان. صص: ۴۸ـ۵۴.

۱۰۰. شعبانی، رضا. مروری کوتاه بر تاریخ ایران، تهران: انتشارات سخن، ۱۳۸۰، ص: ۵۴۵.

و جنسی دریافت میشد».[101] ازاینرو تا اواخر قرن نوزدهم میلادی جامعهی روستایی ایران خودکفا و مستقل بود و مایحتاج روزانه را خود تولید میکرد. کالاهای خارجی جدید مانند چای، قهوه، شکر و صنایع نساجی انگلیسی تا اواخر این سده جایی باز نکرده بودند. عمدهترین محصول معیشتی ایران از عصر صفویه تا زمان قاجار گندم و غلات بود که تا اواسط قرن ۱۹ تمامی نیازهای غذایی جمعیت کشور را تامین میکرد، اما با ورود اجباری به اقتصاد جهانی قرن نوزدهم صادرات بیش از حد گندم به خاطر کاهش شدید قیمت موجب کاسته شدن میزان خودکفایی ایران به این محصول اساسی در اوایل دههی ۱۹۰۰/۱۲۸۰ شد و بعد از آن واردات آرد گندم از صادرات گندم پیشی گرفت.[102]

عامل جدید دیگری که در زمان قاجار در صورتبندی اجتماعی به چشم میخورد قدرت روبهرشد یک گروه غیربومی است که بهطور جدی از فاصلهی دور بر جامعه ایران تأثیر میگذاشتند. آنان نمایندگان دولتهای خارجی و گروههای اقتصادی بیگانه بودند. دو کشور روسیه و انگلستان سهم بسیاری در معادلات داخلی ایران در قرن نوزدهم اشغال کردند. از زمان درگیری سوقالجیشی فرانسه، انگلستان و روسیه در ایران در زمان جنگهای ناپلئون، ایران از سیاستهای انگلستان و روسیه متأثر شد. علاوه بر منافع و علاقهی اروپا به تجارت با ایران و علاقه به گرفتن امتیازهای اقتصادی، این دو کشور منافع سیاسی عظیمی در ایران داشتند.[103] شروع وابستگی و ادغام ایران در اقتصاد جهانی اواخر قرن نوزدهم و در دورهی قاجار در واقع با بازرگانان شهری آغاز شد. آنان قدرتمندترین طبقهی شهری بودند و در سراسر ایران و در بازارهای خارجی توانایی خرید و فروش محصولات کشاورزی، صنایع دستی و فرآوردههای ایلی را داشتند. فروش مواد خام و ورود مواد

۱۰۱. کرزن، جرج. *ایران و قضیه ایران*، ج ۱، مترجم وحید مازندرانی، تهران: انتشارات علمی و فرهنگی،۱۳۶۲، ص:۵۶۰.

۱۰۲. فوران، جان. *مقاومت شکننده، تاریخ تحولات اجتماعی ایران از صفویه تا سالهای پس از انقلاب اسلامی*، مترجم احمد تدین، تهران: خدمات فرهنگی رسا، ۱۳۹۲، صص: ۱۸۶ ـ ۱۸۵.

۱۰۳. کدی، نیکی آر. *ریشههای انقلاب ایران*، مترجم عبدالرحیم گواهی، تهران: گلرنگ یکتا، ۱۳۹۰، ص: ۷۴.

خارجـی بـه داخـل از طریـق بازرگانـان موجـب وابسـتگی ایـن طبقـه بـه خـارج از ایـران شـد.[۱۰۴] به‌عنـوان مثـال حجـم کالاهایـی کـه در قـرن نوزدهـم بـه ویـژه از انگلستـان وارد ایـران شـد صنایـع بسـیاری را دچـار زوال کـرد. صنعـت نسـاجی و بافندگـی کـه بـا هجـوم پارچه‌هـای کارخانه‌ای انگلیسـی مواجـه شـد در اکثـر شـهرها دچـار بحـران شـد و بسـیاری از بازاریـان آن ناچـار بـه تـرک حرفـه‌ی خـود شـدند. در همیـن دوران گرچـه بـه کمـک برخـی از افـراد خصوصـی و حکومـت، کارخانه‌هـای کوچکـی در صنایـع کاغـذی، شیشـه، صابـون، آجـر، ابریشم‌بافـی ایجـاد شـد امـا اغلـب آن‌هـا به‌دلیـل رقابـت مسـتقیم خارجیـان و ارزان‌تـر بـودن کالاهـای وارداتـی شکسـت می‌خوردنـد. پرهزینـه بـودن حمل‌ونقـل، هزینه‌هـای سـوخت و کمبـود منابـع انـرژی، عـدم وجـود نفـرات ماهـر، کوچکـی بـازار داخلـی و قصـور یـا ناتوانـی دولـت در حمایـت از صنایـع داخلـی در برابـر رقابـت خارجـی ایـن وابسـتگی و شکسـت‌های داخلـی را تشـدید می‌کـرد.[۱۰۵] انگلسـتان کالاهـای خـود را از طریـق عثمانـی بـه تبریـز می‌فرسـتاد به‌طوری‌کـه تبریـز بـه قطـب تجـاری ایـران تبدیـل شـد. در اوسـط قـرن انگلسـتان حـدود ۵۰ درصـد از واردات و صـادرات ایـران را برعهـده داشـت. در سـال ۱۸۷۲/۱۲۵۱ انگلسـتان امتیـاز رویتـر را کـه شـامل احـداث راه‌آهـن، خـط تلگـراف، کشتی‌رانـی، زه‌کشـی و آبیـاری ایـران بـه مـدت ۷۰ سـال بـود از ناصرالدیـن شـاه گرفـت.[۱۰۶] ایـن امتیـاز یکـی از امتیازهـای تمام‌عیـاری بـود کـه می‌توانسـت تمـام منابـع کشـور را بـه بیگانـگان واگـذار کنـد امـا بـا فشـار مـردم ناچـار بـه فسـخ آن شـدند. یکـی دیگـر از امتیازاتـی کـه سرنوشـت ایرانیـان را تـا سال‌هـا بـه خـود گـره زده بـود امتیـاز کشـف و تفحـص و اسـتخراج نفـت ایـران بـود کـه در ازای ۲۰ هـزار پونـد اسـترلینگ و ۱۶ درصـد از سـود خالـص سـالانه‌ی آن بـه دارسـی بریتانیایـی داده شـد کـه بعدهـا بـا کشـف نفـت و تشـکیل شـرکت نفـت ایـران و انگلیـس ایـن مبلـغ بسـیار ناچیـز شـد.[۱۰۷]

---

۱۰۴. بشیریه، حسین. *جامعه شناسی سیاسی (نقش نیروهای اجتماعی در زندگی سیاسی)*، تهران: نشر نی، ۱۳۹۰، ص: ۱۵۴.

۱۰۵. فوران، همان، ص ۲۰۰.

۱۰۶. آبراهامیان. (۱۳۸۹)، ص ۵۰.

۱۰۷. فوران، همان، ص ۱۷۵–۱۷۷.

در کنار انگلستان دیگرکشورِ مداخله‌گر در ایران روسیه‌ی تزاری بود که در واقع جنگ با آن آغاز تماس ایران با غرب در قرن نوزدهم بود و پس از دو بار شکست سخت از روسیه که مناطق پهناوری مانند باکو را ضمیمه‌ی خود کرد، ادغام در نظم جهانی از شکل نظامی به شکل اقتصادی تبدیل شد. روس‌ها با استفاده از انحصار پالایش نفت باکو کارخانه‌های پارچه‌بافی را در ایران مجهز کرده بودند و بر صنایع جنگل‌داری و راه‌سازی شمال ایران سیطره داشتند و همچنین امتیاز شیلات دریای خزر، خطهای تلگراف و راه‌آهن را گرفته بودند. آنها در نیمه‌ی قرن نوزدهم (۱۲۷۹ ش) یک دهم واردات ایران و یک سوم صادرات را نیز به خود اختصاص داده بودند.[۱۰۸] ایران همچنین تا پایان قرن نوزدهم برای همسایه‌ی شمالی خود به مرکز ارسال کالاهای کشاورزی و نیروی کار غیرماهر و فقیر تبدیل شده بود.[۱۰۹] یکی دیگر از نهادهایی که نفوذ زیادی در ایران داشت بانک استقراضی روسیه بود که در سال ۱۸۰۱/۱۲۱۶ ایجاد گردیده بود و پس از آن وارد معاملات تجاری و دادن وام‌های زیادی به قاجار شد.

مداخلات شدید اقتصادی این دو کشور ناسیونالیسم اقتصادی بازار و بازرگانان ایرانی را تقویت کرد. به‌عنوان مثال در دوران واگذاری امتیاز تنباکو (۱۸۹۰/۱۲۸۶) به بریتانیا بازرگانان داخلی این محصول به دولت مراجعه کردند و پیشنهاد کردند برای جلوگیری از واگذاری این امتیاز بیش از حق امتیازی که دولت از کمپانی خارجی دریافت می‌کند مالیات بپردازند.[۱۱۰] دولت قاجار که در طول این سده به دنبال این بود که این نفوذ خارجی را با تقویت دولت کمتر کند در این امر با شکست مواجه شد. دولت در گرفتن مالیات‌ها دچار ضعف بود و برای جبران آن به فروش امتیازات و استقراض پرداخت. این واگذاری امتیازها در دوران ناصرالدین شاه آغاز شد. با این وجود، کدی معتقد است «اگرچه ناصرالدین شاه در عرصه‌ی داخلی تأثیرگذار نبود اما تأثیر او در بازداشتن روس‌ها و انگلیسی‌ها از تصاحب ایران یا تحت‌الحمایه کردن

---

۱۰۸. همان.

۱۰۹. آبراهامیان. (۱۳۹۷)، ص ۷۷.

۱۱۰. آدمیت، فریدون. *شورش بر امتیازنامه رژی: تحلیل سیاسی*، تهران: پیام، ۱۳۶۰.

آن، آن‌چنان که در مصر و شـمال آفریقـا رخ داد، بیشـتر از حـدی است کـه دیـده می‌شـود».[۱۱۱]

انقلاب مشروطه پایه‌هایش در قرن نوزدهم ریخته شـد و در آغـاز قرن بیسـتم بـا تحولاتـی شـتاب گرفـت و اتفـاق افتـاد. عهدنامه‌هـای ترکمن‌چـای، گلسـتان، پاریس (۱۲۳۶)، امتیـاز تنباکـو و دارسـی حاصـل مبادلات نابرابـر خارجیـان بـا ایـران بـود که منجر بـه اعتراضـات طبقـات اجتماعـی ایران شـد. وابسـتگی قـرن نوزدهـم، وضعیـت زندگـی جمعیـت شـهری و به‌خصـوص صنعت‌گـران، کارگـران و تهی‌دسـتان را غیرقابـل تحمـل کـرده بـود. نابسـامانی‌های اقتصـادی و سیاسـی در اواخـر دولـت قاجار مشـکلات بسـیاری را بـرای جامعـه ایـران به‌وجـود آورد. آشـنایی روشـنفکران و دانشـجوهای ایرانـی در خـارج از کشـور بـا تفکـرات غربـی چـون دموکراسـی، آزادی بیـان، قانون‌مـداری و غیـره موجب شـکل‌گیری اولیـن اعتراضـات به‌شـکل دسته‌جمعـی و ایجـاد تغییـرات عمـده در نظـام سیاسـی و اقتصـادی کشـور شـد. دلایـل کوتاه‌مـدت وقـوع انقـلاب مشـروطه در سـال‌های ۸۴_۵/۱۲۸۳_۱۹۰۴ بحـران اقتصـادی ناشـی از ورشکسـتگی دولـت و تـورم فزاینـده بـود. احمـد کسـروی (۱۳۶۳) بحـران اقتصـادی را حتـی بـه زمـان قبل‌تـر نیـز در سـال ۱۲۷۷ بازمی‌گردانـد. وی قحطـی نـان را، کـه بـه بحرانـی بـزرگ خصوصاً در شـهر تبریـز منجـر شـد، یکی از دلایـل اصلی نارضایتی مـردم می‌دانـد. در سـال ۱۲۷۷ نـان، حتـی بـا وجـود وفـور غلـه بـه علـت بارندگـی، در شـهرهای بـزرگ کمیـاب شـد و مـردم را وادار بـه ایسـتادن در صف‌هـای طولانـی و طاقت فرسـا کـرد. ازاین‌جهـت همیـن بحـران موجب اعتـراض مـردم در خیابان‌هـا و سـرکوب شـدیدی شـد. کسـروی در این میـان حتـی از بریـدن سـرهای مـردم جهت مجـازات نـام بـرده اسـت.[۱۱۲] درنهایـت، جرقـه‌ی اعتراضـات بـا شـدت گرفتـن بحـران اقتصـادی و رفتـار حاکـم تهـران کـه بـرای منحـرف کـردن افکار عمومی دو تاجـر بـازاری را بـه بهانـه‌ی گران‌فروشـی قنـد و شـکر وسـط شـهر بـه فلـک بسـت،

<hr>

۱۱۱. کدی، نیکی آر. ایران دوران قاجار و برآمدن رضاخان ۱۱۷۵_۱۳۰۴، ترجمه‌ی مهدی حقیقت‌خواه، تهران:ققنوس، ۱۳۸۱.

۱۱۲. کسروی تبریزی، احمد. تاریخ مشروطه‌ی ایران، تهران: انتشارات امیرکبیر۷ ۱۳۶۳، صص: ۱۴۰_۱۴۳.

زده شد. در اعتراض به این اقدام بازاریان مغازه‌ها را تعطیل کردند و خواستار عزل حاکم شهر تهران شدند.[113] درواقع انقلاب مشروطه نخستین حرکت نوین و قیام ایرانیان علیه وضع موجود بود و همراهی نیروهای اجتماعی مختلفی را با خود داشت. بلوک تاریخی شکل‌گرفته در این انقلاب، حاصل ائتلاف گروه‌های مختلفی چون روحانیت، دهقانان، بازاریان، دانش‌آموزان و دانشجویان، تجار، کارگران و حتی اعضای رادیکال‌تر انجمن‌های مخفی ایران بود که خواستار ایجاد قانون اساسی و نظام نمایندگی بودند.[114]

این گروه‌ها با همراهی هم و زیر چتر عدالت‌خواهی و تغییر شرایط اقتصادی و سیاسی ایران به شیوه‌های مرسومی چون بست‌نشینی روی آوردند. به‌طوری‌که حدود دو هزار نفر از روحانیان، طلبه‌ها، اصناف و بازرگانان در حرم عبدالعظیم بست نشستند و بر مطالبات خود افزودند. آن‌ها خواستار عزل صدراعظم و برپایی عدالت‌خانه شدند. پس از شکست شاه و دربار در آرام کردن مردم بست‌نشین، در تابستان سال ۱۲۸۵ مردم بار دیگر دست به اعتراض زدند و با آتش نیروهای دولتی روبه‌رو شدند که در این اتفاق طلبه‌ای کشته شد. در پی این اتفاقات اعتراضات شدت گرفت و این بار حدود هزار نفر به رهبری سیدمحمد طباطبایی و سیدعبدالله بهبهانی دو مرجع دینی برجسته میان ایرانیان، تهران را به مقصد قم ترک کردند. هم‌زمان با آن‌ها تعدادی از بازرگانان، صنعت‌گران، روحانیان و طلبه‌ها با اجازه‌ی کاردار سفارت بریتانیا، در سفارت تحصن کردند و خواستار عزل صدراعظم، اعلام حکومت قانون و بازگرداندن روحانیان از قم شدند. «باوجودآنکه دربار در ابتدا مخالفان را گروهی «بدعت‌گذار بابی» و «خائنان جیره‌خوار انگلیس» نامید. در نهایت پس از روبه‌رو شدن با اعتصابات عمومی، سیل تلگراف‌ها از ایالات، تهدیدهای دخالت مسلحانه‌ی کمیته مهاجران باکو و تفلیس تسلیم شد».[115] درنهایت مظفرالدین‌شاه، سه هفته پس از تحصن معترضان در سفارت

---

۱۱۳. آبراهامیان. (۱۳۹۷). صص: ۸۴–۸۰.

114. Afary, J. "Social Democracy and the Iranian Constitutional Revolution of 1906-11". In Foran, J. (1994). *A Century of Revolution: Social Movements in Iran*. Minneapolis: University of Minnesota Press, p 21.

۱۱۵. آبراهامیان. (۱۳۹۷). ص: ۹۰.

انگلیس فرمان شاهی را مبنی بر انتخابات سراسری برای تشکیل مجلس امضا کرد.

مبارزات مردم ایران در قالب انقلاب مشروطه درنهایت به سرانجام رسید و رکن جدیدی در تصمیم‌گیری‌های سیاسی و اقتصادی در کنار قدرت دربار و شاه به نام مجلس ایجاد شد. در ابتدای امر برای تشکیل نظم جدید و تحکیم آن، مشروطه‌خواهان نیازمند تدوین و طراحی قانون اساسی آن شدند. از این رو مجلس شورا به منظور تنظیم نظام‌نامه‌ی انتخاباتی و تعیین گروه‌های اثرگذار بر روند انتخاب نمایندگان، به سرعت در تهران تشکیل شد. در نظام‌نامه‌ی جدید انتخاباتی مردم به ۶ طبقه تقسیم می‌شد: شاهزادگان قاجار، علما و طلاب دینی، اعیان و اشراف، تجار، زمین‌دارانِ دارای املاکی به ارزش حداقل ۱۰۰۰ تومان و پیشه‌وران و صنعت‌کاران. همان‌طور که مشخص است، در این نظام‌نامه همچنان طبقات فقیر و حاشیه‌نشین شهری و روستایی و اقلیت‌های سیاسی چون زنان از انتخاب شدن یا انتخاب کردن محروم بودند. قانون اساسی که بر مبنای الگوی بلژیکی تدوین شد حق ریاست بر قوه‌ی مجریه، فرماندهی نیروهای نظامی، اعلام جنگ و صلح، تنفیذ طرح‌های مجلس و انتصاب بالاترین مقامات دولتی را به شاه اعطا کرده بود. درمقابل شاه باید در برابر مجلس سوگند یاد می‌کرد تا وزرای انتخاب شده مجلس را بپذیرد و قوانین تصویب شده را نیز امضا کند.[۱۱۶] همزمان با شکل‌گیری مجلس، در پاسخ به آزادی‌های به‌ظاهر صورت‌گرفته، انجمن‌های مختلفی تأسیس شدند و حتی با برخی از احزاب سوسیالیستی خارج از ایران ارتباط برقرار کردند، برخی دیگر از انجمن‌ها برپایه‌ی اصناف، برخی مذهبی و حتی چند انجمن زنان تشکیل شدند. در این دوران تعداد نشریات فزونی یافت وروزنامه‌ها علاوه بر انتشار اخبار به انتشار مطالب طنز و نقد هم می‌پرداختند. بارزترین اتفاق سیاسی مشروطه ورود انجمن‌ها و تشکل‌ها با اندیشه‌های متفاوت به صحنه سیاسی به شکل قانونی بود، تشکل‌هایی چون اجتماعیون‌اعتدالیون، اجتماعیون‌عامیون (دموکرات)، اتفاق و ترقی،

---

۱۱۶. همان. ص:۹۷ـ۹۶.

ترقیخواهـان، اجتماعیوناتحادیـون ایـران، سوسـیالدموکرات ایـران، عدالـت و ... .[117] اقـدام دیگـری کـه در طی مجلـس اول اتفـاق افتاد اصلاح نظـام مالیاتی و انتقـال زمینهـای سـلطنتی بـه وزارت مالیـه بـود و همچنیـن مجلـس مقـرری دربـار راکاهـش داد و دربـار بـرای پرداخـت هزینههـای تشـریفاتی خـود دچـار مشکل شـد. درحالیکه بخشـی از جامعـه روحانیت ماننـد طباطبایـی و بهبهانی و حامیانشان از گروههـای برجسـتهی بـه ثمـر رسیدن مشـروطه بودنـد اما اصلاحات سـکولار و دامنـهدار مجلـس واکنـش طـرف دیگـر روحانیان را بـه رهبری شـیخ فضلالله نـوری برانگیخـت و باعـث جلـب نظـر وی توسـط سـلطنتطلبان شـد.

اما بهفاصلـهی نـه چنـدان دوری نظـام جدیـد از پـا افتـاد و تمامـی تلاشهـای ترقیخواهانـهی انقلابیـون بـا دخالتهـای انگلسـتان و روسـیه و شـراکت شـاه جدیـد بـا آنهـا در آغـاز تغییـرات بـه بنبسـت رسـید. اولیـن مشـکل اساسـی بـر سـر راه مجلـس تازهشـکلگرفته را دو کشـور امپریالیسـتی روسـیه و انگلیـس در ایـران ایجـاد کردنـد. دو کشـور در سـال ۱۹۰۷/۱۲۸۶ بـرای افزایـش نفـوذ خـود در ایـران و حـل کـردن مشـکلات خـود بـا یکدیگـر، ایـران را بـه سـه قسـمت تقسیم کردنـد: مناطـق شـمالی تـا اصفهـان حـوزهی نفـوذ روسـیه، جنـوب غربـی بهویـژه کرمـان و سیسـتان و بلوچسـتان حـوزهی انگلسـتان و بقیه نقـاط مناطق بیطـرف. دخالتهـای آشـکار و نهـان دو قـدرت روسـیه و انگلسـتان پـس از مشـروطه، سـبب اسـتقلال هـر چـه بیشـتر مناطـق و ایـالات شـد و بـه گسـترش کینـهی ایلیاتـی و راهزنیهـای سـازمانیافته دامـن زد. برخـی از ایـلات ماننـد شاهسـون در آذربایجـان و ایـل بختیاریهـای حاجیایلخانـی[118] بـه محمدعلیشـاه کـه پـس از مظفرالدینشـاه بـه تخـت نشسـته بـود، پیوسـتند و حمایـت مالـی و مردمـی را بـرای وی فراهـم کردنـد. ازایـنرو، آشـفتگی سیاسـی، بـه هـم ریختگـی اجتماعـی، فقـر اقتصـادی، از هـم گسـیختگی وحـدت ملـی، دسـتهبندیهای پارلمانـی و دخالتهـای امپریالیسـتی اوضـاع را در ایـران وخیمتـر کـرد.[119] شـاه در دوم تیرماه

---

۱۱۷. اتحادیه (نظام مافی)، منصوره. مرامنامهها و نظامنامههای احزاب سیاسی ایران در دومین دوره مجلس شورای ملی، تهران: نشر تاریخ ایران، ۱۳۶۱، مقدمه.

۱۱۸. آبراهامیان. (۱۳۸۹). ص ۸۹.

۱۱۹. ملکزاده، مهدی. تاریخ انقلاب مشروطیت ایران، جلد ۲، تهران: نشر رواق، ۱۳۳۵، ص: ۱۱۲.

۱۲۸۷، بـا اعـلام حکومـت نظامـی، سـرهنگ لیاخوف، فرمانـده روسـی نیروهـای قـزاق را بـه مقـام حاکـم نظامـی تهـران منصـوب کـرد و نیروهـا را بـرای بـه تـوپ بسـتن تلگراف‌خانـه و مجلـس روانـه کـرد. همچنیـن روزنامه‌هـا را توقیـف و حکـم دسـتگیری بسـیاری از نماینـدگان را صـادر کـرد. در ایـن حملـه حـدود ۲۵۰ نفـر بـه گـزارش سـفارت بریتانیـا کشـته شـدند و اکثـر سـران مجلـس یـا از کشـور فـرار کردنـد و یـا بـه سـفارت عثمانـی پنـاه بردنـد. آیت‌الله بهبهانـی و آیت‌الله طباطبایـی تحت‌نظـر خانگـی قـرار گرفتنـد و تعـدادی از نماینـدگان مجلـس اعـدام شـدند.[۱۲۰]

انقـلاب مشـروطه بـا دخالـت دو قـدرت انگلیـس و روسـیه بـه یـک «انقـلاب عقیـم» تبدیـل شـد و پـس از آن تـا برآمـدن رضاخـان در سـال ۱۲۹۹، حـدود یـک دهـه‌ی بسـیار پرآشـوب بـا تضادهـای سیاسـی، اشـغال نظامـی، قحطـی و بحـران اقتصـادی و اجتماعـی مواجـه بـود.[۱۲۱] پـس از بـه تـوپ بسـته شـدن مجلـس مشـروطه‌خواهان بـا ایسـتادگی توانسـتند مجلـس را بـه عرصـه‌ی سیاسـت بازگرداننـد. مقاومت‌هـا در تبریـز، اصفهـان، شـهرهای شـمالی و در ادامـه‌ی آن فتـح تهـران توسـط مشـروطه‌خواهان شـاه را بـه سـفارت روسـیه فـراری داد. پـس از فـرار محمدعلی‌شـاه، احمدشـاه فرزنـد کوچکـش را بـه سـلطنت نشـاندند و انقلابیـون مشـروطه حتـی برخـی از مخالفـان خـود از جملـه شـیخ‌فضل‌الله نـوری را اعـدام کردنـد. مجلـس دوم بـدون تقسیم‌بندی‌هـای گذشـته افتتـاح شـد و شـامل احزابـی چـون حـزب دموکـرات، کـه گروه‌هـا و احـزاب سوسیال‌دموکرات گذشـته و نیروهـای چـپ لیبـرال را دربرمی‌گرفـت و حـزب محافظه‌کار اعتدالیـون بـود.[۱۲۲] امـا پـس از مدتـی درمیـان خوش‌بینی‌هـای شـکل‌گرفته از فتـح دوبـاره‌ی پایتخـت و مجلـس، بـا تشـکیل مجلـس دوم، دولـت جدیـد متوجـه شـد کـه ابزارهـای لازم را بـرای اداره‌ی کشـور در اختیـار نـدارد و مشـکلات و گرفتاری‌هـای گذشـته بـه او بـه ارث رسـیده اسـت.[۱۲۳] فشـارهای مالـی، از جملـه متناسـب نبـودن درآمدهـا و هزینه‌هـای

---

۱۲۰. فوران، همان، صص: ۲۹۵ـ۲۹۲.

121. Asgarivash, M. and Pourhamzavi, K. (2019). *Japanese Development and Iranian Uneven Development: A Gramscian Perspective*. International Gramsci Journal. Vol. 3. No. 3, p14.

۱۲۲. کدی. (۱۳۸۱). صص: ۶۵ـ۶۳.

۱۲۳. آبراهامیان. (۱۳۹۷). صص: ۱۰۷ـ۱۰۶.

دولـت، موجب اسـتقراض بیشـتر دولـت از انگلیـس و روسـیه شـد. همزمـان بـا ایـن دوره شـرکت نفت برمـه بـا داشـتن امتیـاز دارسـی بـه نخسـتین چـاه نفت دسـت یافـت. درکنـار ایـن مشکلاتِ مالـی کشـور بـا خودمختـاری ایـلات مواجـه شـد کـه هرکدام بـا توجـه بـه منافعشـان بـا یکی از نیروهـای خارجـی همکاری می‌کردند. ایـلات ترکمـن، شاهسـون و کردهـای لرسـتان از دادن مالیـات خـودداری کردنـد و بـه آزار و اذیـت روسـتاهای تابـع و مناطـق مجـاور خـود پرداختنـد. حتی برخـی از ایـلات بـه محمدعلی‌شاه مخلـوع بـرای پـس گرفتـن سـلطنت پیوسـتند. از طرفـی شـش خـان بـزرگ خانـدان ایلخانـی و حاجی‌ایلخانـی بـرای حفاظـت از تأسیسـات شـرکت نفت ایـران و انگلیس در قبـال سه‌درصد سـود بـا آن توافـق کردنـد. گرچـه رقابـت و شـورش قبایـل علیـه یکدیگـر موجـب شـد حکومـت مرکـزی از معرکـه بگریـزد امـا بازهـم مانـع از آن نشـد کـه پـای انگلسـتان و نیروهـای نظامـی آن بـه مناطـق جنوبـی ایـران بـه بهانـه‌ی نجـات حکومـت مرکـزی بـاز شـود.[۱۲۴]

در ایـن میـان در سـال ۱۹۱۱/۱۲۹۰ روسـیه بـه بهانـه‌ی حضـور مورگان شوسـتر آمریکایـی کـه بـرای رسـیدگی بـه امـورات مالـی بـه ایـران آمـده بـود اولتیماتومی مبنـی بـر پیـاده کـردن نیروهـای روسـی در شـمال ایـران داد. انگلسـتان کـه در ابتـدا موافـق اقدامـات شوسـتر بـود درنهایـت از اولتیماتـوم دفـاع کـرد. بـا وجـود مخالفت‌هـای شـدیدی کـه از طـرف مـردم بـرای پذیـرش اولتیماتـوم صـورت گرفت بـا حملـه‌ی نظامـی روس‌هـا و بسـتن حـرم امـام هشـتم شـیعیان در شـهر مشـهد، مجلـس وادار بـه پذیـرش آن شـد.

در شـروع جنـگ جهانـی اول در دوره احمدشـاه قاجـار، دولـت ایـران اعـلام بی‌طرفـی کـرد امـا علـی رغـم آن، مـورد هجـوم کشـورهای درگیـر جنـگ قـرار گرفـت. روسـیه منطقـه‌ی شـمالی ایـران را بـه اشـغال درآورده بـود و عثمانی‌هـا آذربایجـان را تصـرف کردنـد و تـا زنجـان پیـش رفتنـد. از طرفـی انگلیسی‌هـا بـه پیشـروی خـود در خـاک ایـران ادامـه دادنـد و حتی آلمـان نیـز تـا پیـش از شکسـتش موفـق بـه اشـغال برخـی نقـاط مـرزی ایـران شـد. اگرچـه روسـیه‌ی تـزاری بعـد از انقـلاب اکتبـر نیروهـای خـود را از ایـران خـارج کـرد امـا پیشـروی کشـورهای دیگـر

---

۱۲۴. آبراهامیان. (۱۳۸۹). صص: ۹۸–۹۷.

همچنـان ادامـه داشـت. پـس از اعـلام آتش‌بـس، روسـیه و عثمانـی قـوای خـود را به‌طـور کامـل از ایـران خـارج کردنـد و انگلیـس تنهـا کشـوری بـود کـه به‌شـکل بلامنـازع ایـران را تحـت سیطره‌ی خـود درآورد. در سـال ۱۹۱۸ انگلسـتان حـدود ۲۵۰۰ نیـروی نظامـی در ایـران پیـاده کـرده بـود.

از دیگـر عواقـب اشـغال ایـران می‌تـوان از قحطـی گسـترده و مرگبـار و بحـران شـدید در اقتصـاد نـام بـرد. در فاصله‌ی سـال‌های ۱۲۹۸ـ۱۲۹۶ / ۱۹۱۹ـ۱۹۱۷ ایـران گرفتـار بزرگ‌تریـن قحطـی تاریـخ خـود شـد. ایـن قحطـی همزمـان بـا اشـغال ایـران توسـط انگلسـتان بـود. محمدقلـی مجـد (۱۳۸۷) در کتـاب قحطـی بـزرگ مدعـی اسـت کـه ۸ الـی ۱۰ میلیـون نفـر یعنـی حـدود نیمـی از جمعیـت ایـران در ایـن قحطـی ازمیـان رفتند.[۱۲۵] آبراهامیـان و روبیـن در دو تحقیـق جداگانـه ایـن عـدد را حـدود دو میلیـون نفـر تخمیـن زده‌اند.[۱۲۶] [۱۲۷] اگرچـه بـر سـر تعـداد کشته‌شـدگان ایـن واقعـه تردیـد وجـود دارد حتـی اگـر بـا تسـامح بـه آن بنگریـم میـزان خسـارات قحطـی بیـش از حـد تصـور اسـت. مجـد در کتـاب خـود یکـی از دلایـل عمـده‌ی شـدت گرفتـن قحطـی را کشـور انگلسـتان و اقداماتـش در ایـران درنظـر می‌گیـرد و معتقـد اسـت کـه انگلیسی‌هـا بـا خریـد بی‌انـدازه‌ی غلـه و مـواد غذایـی، جلوگیـری از ورود غـذا از هنـد، بین‌النهریـن و ایـالات متحـده در شـرایط قحطـی و حتـی اعمـال سیاسـت‌های مالـی ماننـد عـدم پرداخـت درآمدهـای نفتـی ایـران، قحطـی را شـدت دادنـد.[۱۲۸]

در ادامه‌ی سیاسـت‌های اسـتعمارگرانه‌ی انگلسـتان در ایـران، لـرد کرزن کاردار انگلسـتان در ایـن دوران بـا تنظیـم قـرارداد ۱۹۱۹ بـه دنبـال ضمیمـه کـردن کل کشـور بـه امپراطـوری بریتانیـا بـود. آبراهامیـان بـه نقـل از نیکلسـون می‌گویـد: «امپریالیسـم کـرزن بـر ایـن بـاور پی‌ریـزی شـده بـود کـه خداونـد شـخصاً طبقـه‌ی اشـراف

---

۱۲۵. مجد، محمدقلی. قحطی بزرگ، ترجمه محمد کریمی، تهران: موسسه مطالعات و پژوهش‌های سیاس، ۱۳۸۷

126. Abrahamian, E. (2013). *The Coup: 1953, The CIA, and The Roots of Modern U.S.-Iranian Relations*. New York: The New Press.

127. Rubin, B (2015). *The Middle East: A Guide to Politics, Economics, Society and Culture*. New York: Routledge

۱۲۸. مجد. ص:۱۸

انگلیسی را در مقام وسیلهای بـرای تحقـق ارادهی الهـی برگزیـده اسـت.»[۱۲۹] قـرارداد ۱۹۱۹ شـامل یـک وام دو میلیـون پونـد اسـترلینگی بـود کـه در ازای آن بهعنوان تضمین وام قـرار بـود دولـت ایران بایـد گمرکـات کشـور را بـه بریتانیـا واگـذار میکرد. ایـن قـرارداد بـرای تضمین حضور بریتانیـا و سـلطهاش بر ایران تـا سـالها کافی بـود. امـا بـا افشـای مفـاد قـرارداد ایران دستخوش شـورشها و مخالفتهـای سرسـختانهای شـد. حکومت دموکرات آذربایجان توسط خیابانی، برقـراری جمهـوری جنگلیهـا و مقاومـت گـروه ملـی در کرمانشـاه از جملـه واکنشهـا بـه ایـن قـرارداد بودنـد. ایـن قبیـل اتفاقـات موجـب شـد وزیرمختار بریتانیـا در تهـران بـه لنـدن اعـلام کند کـه بریتانیـا تنهـا دو راه در ایران دارد: یا «در آتشـی کـه خـود برپـا کـرده اسـت بسـوزد» یـا «بـر مناطـق مرکـزی و جنوبـی، یعنی جاهایـی کـه هنـوز از ایـن آتش در امـان مانـده اسـت متمرکـز شـود».[۱۳۰]

تـا بدیـن جـا شـاهد بودیـم کـه انقـلاب مشـروطه بـا دخالتهـای خارجـی و درنتیجـه ناتوانی بلـوک شـکلگرفته در برهـم زدن نظـام گذشـته و برقـراری نظـم جدیـد عقیـم شـد. مشـروطه گرچـه در ابتـدا توانسـت نیروهـای مختلـف سیاسـی و اجتماعـی جامعـهی ایران را زیـر یـک پرچـم ترقیخواهانه گـرد آورد امـا در نهایت بـا دخالـت عواملـی خـارج از فراینـد موجـود دچـار شکسـت شـد. در مقایسـه بـا ژاپـن دیدیـم کـه برخـلاف آنچـه کـه در ژاپـن در قـرن نوزدهـم اتفـاق افتـاد و توانسـت بـا شـکل دادن نیـروی جدیـد بـرای تغییـرات و تثبیـت قـدرت آن مسـیر توسـعه را طـی کنـد، ایـران در ایـن راه نـاتوان مانـد. ایـن ناتوانـی نـه ناشـی از ضعیـف بـودن ذاتـی مـردم ایران بلکـه ناشـی از قدرتمنـد بـودن سـلطهی جهانـی در اعمـال تغییـرات در ایران بـود. انقـلاب مشـروطهی ایران نوینترین و یکی از مترقیترین حرکتهـای جمعـی ایرانـی در تاریـخ مـدرن محسـوب میشـود کـه درنهایـت، ضمـن سـاقط شـدن از کارایـی اصلـی خـود، مرحلـهی جدیـدی از توسـعهی نابرابر را در کشـور رقـم زد.

---

۱۲۹. آبراهامیان. (۱۳۹۷). ص: ۱۱۸.

۱۳۰. همان، صص: ۱۲۰-۱۱۸.

برآمدن قیصر ایران: رضاخان

شـرایط قهقرایـی ده‌سـاله از شکسـت مشـروطه تـا روی کار آمـدن رضاخان همان‌طـور که شـرحش رفت حاصـل اتفاقات بسـیاری بـود که بخش بزرگی از آن از خـارج از مناسـبات سیاسـی داخـل بـه ایران تحمیـل شـد. شـرایط حاضر در ایـن ده سـال یـک موقعیـت غیرهژمونیـک را ایجـاد کـرد کـه در واقـع هیچ‌کـدام از نیروهـای سـنتی قـدرت ماننـد نهـاد شـاه و دربـار و نـه نیروهـای مترقـی عصـر مشـروطه چـون مجلـس و گروه‌هـای حامـی آن تـوان به‌دسـت‌گیری قـدرت را نداشـتند. در ایـن وضعیـت بـود که رضاخـان در قامـت یـک قیصـر در افق سیاسـی ایـران پدیـدار شـد.

روی کار آمـدن رضاخـان را در برخـی از تحلیل‌هـا بـه خواسـت و اراده‌ی انگلسـتان ربـط داده‌انـد و معتقدنـد انگلیسـی‌ها بودنـد کـه یـک برنامـه‌ی کودتـا بـا رهبـری رضاخـان را طراحـی و اجـرا کردنـد. امـا در روی کار آمـدن رضاخان به‌عنـوان عملـه‌ی انگلیسـی نـه تنهـا تردیـد وجـود دارد بلکـه بـا توجـه بـه شـرایط بحرانـی پـس از یـک انقـلابِ عقیم‌شـده از اهمیـت چندانی برخـوردار نیسـت. در رد ادعـای انگلیسـی بـودن رضاخـان بـه طـور مثال کـدی (۱۳۸۱) معتقـد اسـت انگلیسـی‌ها در طراحـی کودتـا و انتخـاب رهبـران بعـد از آن به‌طـور مسـتقیم دسـت نداشـتند امـا برخـی از نیروهایشـان در ایـران ماننـد آیرون‌سـاید در ایـن کار مشـارکت داشـته‌اند. آن‌هـا احمدشـاه را تشـویق کردنـد کـه پیـش از کودتـا افسـران روسـی را از قـزاق اخـراج کنـد و پـس از رسـیدن رضاخـان بـه تهـران نیـز مقاومـت نکنـد. در همیـن دوران نیـز همـراه بـا وضعیـت اقتصـادی سـخت و پیچیـده شـدن سیاسـت ایـران، در ذهـن مـردم و روشـنفکران ایرانی ظهـور یـک نجات‌دهنده‌ی مقتـدر نیـز بـه درجـه‌ای از اهمیـت رسـیده بـود. همچنیـن انگلیـس نمی‌توانسـت در ایـن شـرایط از منافـع خـود چشم‌پوشـی کنـد و بـه دنبـال مـرد مقتـدری بـود کـه بتوانـد دوام رژیمـی را کـه بـرای آن‌هـا خطرنـاک نباشـد، تضمیـن کنـد.[۱۳۱] بایـد در نظـر داشـت کـه بـا توجـه بـه نقـش بریتانیـا در ایـران و حـوزه‌ی نفـوذ گسـترده‌ی آن، خـارج از

---

۱۳۱. کدی. (۱۳۸۱). ص: ۷۷.

ذهـن نیسـت کـه بریتانیـا در انتخاب ایـن ناجی دخل‌وتصرفی نداشته است و یا به‌طـور کلـی از آن بی‌اطـلاع بـوده اسـت. بـا ایـن وجـود، همان‌طور کـه در ادامـه خواهیـم دیـد، بایـد درنظـر نیـز داشت‌که چگونـه رضاخان در راسـتای کم‌رنگ کـردن نفـوذ انگلستان بـه آلمـان نزدیـک شـد و یا اینکـه خلـع حکومـت او نـه بـا اراده‌ی مردمی بلکـه بـا دخالـت انگلستان اتفـاق افتـاد.

در نخسـتین سـاعات روز سـوم اسـفند ۱۹۲۱/۱۲۹۹ رضاخـان، فرمانـده پـادگان نیـروی قـزاق در قزویـن همـراه بـا سـه هـزار نیـروی قـزاق، کنتـرل تهران را در اختیـار گرفـت. رضاخـان حکومـت نظامـی اعـلام کـرد و شـورش نیروهـای محلـی و ایـلات را، کـه پیـش از ایـن شـرح اعمالشان آورده شـد، در سراسـر ایـران خوابانـد و احمدشـاه را تحت‌کنتـرل قـرار داد. سیدضیاء طباطبایـی یکـی از روزنامه‌نگاران آن زمـان بـا همراهـی رضاخـان بـه نخسـت‌وزیری رسـید. برآمـدن رضاخـان حاصـلِ ازهم‌گسـیختگی جامعـه‌ی ایرانـی بـود امـا ادامـه‌ی حضـورش در قـدرت و سـپس تبدیـل شـدنش بـه رأس امـور بـا همراهـی اقشـار مختلفـی از جامعـه‌ی ایـران بـود. بـه قـدرت رسـیدن رضاخـان و ایجـاد یـک دولـت مرکـزی قدرتمنـد به‌تنهایـی و بـا اتکا بـه شـخص وی اتفـاق نیافتـاد بلکـه او بـا پشـتیبانی گروه‌هـای بسـیاری کـه باقی‌مانـده‌ی مشـروطه بودنـد قـدرت خـود را تثبیت کـرد. وضـع بحرانـی آن زمـان بسـیاری از نیروهـای اجتماعـی را مجـاب و مشـتاق کـرده بـود کـه بـه فـردی مقتـدر نیـاز اسـت کـه بتوانـد کنتـرل اوضـاع کشـور را برعهـده گیـرد. ازایـن‌رو ظهـور یک‌بـاره‌ی رضاخـان تـا مدت‌هـا مـورد اسـتقبال و خوشـامد افـراد جامعـه بـود و دوران او نسـبت بـه دوران ماقبـل ثباتـی همه‌جانبـه بـه همـراه آورد. گروه‌هـای مختلـف پشـتیبان رضاخـان هرکـدام دلایـل و منافـع مختلفـی در حمایـت از ایـن قیصـر نوظهـور داشـتند. به‌طورمثـال بازرگانـان و زمین‌داران بـه اصلاحـات رضاخـان امیـد داشـتند، احـزاب محافظه‌کار و روحانیـون، لیبرال‌هـا، دموکرات‌هـای تحصیل‌کـرده‌ی غـرب و تجددخواهـان ملی‌گـرا نیـز بـه دلایلـی چـون حفـظ مذهـب، پایـان دادن آشـوب‌های قومیتی و ایالتـی و تشـکیل دولتـی مرکـزی بـه حمایـت ایـن فـرد ازراه‌رسـیده پرداختنـد. بـه همیـن دلیـل می‌تـوان ادعـا کـرد ظهـور رضاخـان محصـول شکل‌گیری یـک بلـوک تاریخـی بـود و از همیـن

طریق توانست دست به مدرن‌سازی ایران تحت لوای یک پروژه‌ی بومی بزند. رضاخان پس از جلب حمایت گروه‌های مختلف در سمت‌های وزارت جنگ و نخست‌وزیری به فعالیت خود ادامه داد تا درنهایت در سال ۱۳۰۴ مجلس موسسان را تشکیل داد و احمدشاه را برکنار و خودش به جای او بر تخت شاهی جلوس کرد. با تاج‌گذاری وی ایران وارد برهه‌ی دیگری از تاریخ خود شد. دولت‌سازی به‌صورت مدرن شاخصه‌ی عصر رضاخان بود و او پایه‌های سلطنت خود را بر ارتش ملی، دستگاه بروکراسی و دربار قرار داد. «سلطنت رضاشاه شاهد ایجاد «نظم نوینی» بود که تا سال ۱۳۲۰ برقرار بود و فقط تهاجم انگلستان و شوروی به کشور بود که راه را برای کناره‌گیری اجباری او هموار ساخت». ۱۳۲

در بعد داخلی در دوران حکومت وی ارتش ده برابر و بوروکراسی هفده برابر رشد کرد. در این دوران رضاخان توانست وزارت‌خانه‌های دولت را فعال کند و تعداد آن ها را به ۱۷ وزارت‌خانه با کارمندان حقوق‌بگیر برساند. در طی این دوران درآمدهای دولت نیز تغییر کرد، منابع درآمد دولت شامل حق‌الامتیاز استخراج نفت، گردآوری مالیات‌های معوقه، افزایش عوارض گمرکی و وضع مالیات‌های تازه بر کالاهای مصرفی بود. در این دوران رضاخان دست به اقدامات دیگری جهت نوسازی ایران زد مانند تغییر در ساختار اداری کشور و ایجاد دادگستری، ثبت‌احوال، دفاتر ثبت ازدواج و طلاق، اصلاح امور شهرداری، تأسیس دانشگاه و مدارس دخترانه و پسرانه، اعزام دانشجو به اروپا توسط دولت، اصلاح امور مالی، تأسیس اولین بانک ملی و غیره. ۱۳۳ از اساسی‌ترین اقدامات وی در توسعه‌ی آموزش بومی تأسیس دانشگاه تهران، که مطرح‌ترین دانشگاه دولتی حال‌حاضر است، در سال ۱۳۱۳ و همچنین ترویج مراکز علمی و ارسال دانشجو به خارج از ایران برای مقاصد علمی بود.

---

۱۳۲. همان. ص: ۱۲۴.

۱۳۳. فراستخواه،مقصود. سرگذشت و سوانح دانشگاه در ایران، تهران: موسسه خدمات فرهنگی رسا، ۱۳۸۸، صص: ۱۷۵ـ۱۷۰.

در بعد اقتصادی آنچه که از دوره‌ی رضاخان اهمیت دارد که بدان پرداخته شود صنعتی شدن بیشتر کشور است. ایران همچون نمونه‌ی ژاپن در دوران رضاخان انحصار پروژه‌های صنعتی کشور را به‌دست گرفته بود و با دادن وام‌های کم‌بهره‌ی دولتی به کارخانه‌های داخلی از صاحبان آن‌ها حمایت می‌کرد.[۱۳۴] صنعتی‌سازی ایران در دوره‌ی پهلوی اول با نسل اول کارخانه‌های نساجی، شیشه‌سازی، قند و شکر، فرش و آبجوسازی تقویت شد. همچنین بسیاری از زیرساخت‌های صنعتی ایران چون پست و تلگراف، الکتریسیته، حمل‌ونقل عمومی و سیستم آب‌وفاضلاب ایجاد شد. صنعتی شدن ایران با ظهور طبقه‌ی کارگر صنعتی جدیدی نیز همراه شد و شهرهای بزرگ ایران به مرکز مهاجرت آن‌ها از مناطق روستایی تبدیل شد. گرچه در بعد کشاورزی دولت رضاخان دستاورد چندانی نداشت اما ایران تا سال ۱۳۱۹ همچنان از نظر مواد غذایی به غیر از قند و شکر خودکفا بود، گرچه از اواسط سال ۱۳۱۰ گندم به اقلام وارداتی اضافه شد و کشاورزی با رشد محدودی مواجه بود. همچنین زمین‌های کشاورزی در طول این دوران به اموال شخصی رضاخان تبدیل شدند. در دهه‌ی ۱۳۱۰ درآمد دهقانان در سطح معیشت پایین بود، بخشی از آن به این دلیل که قیمت غلات به سود بخش شهرنشین و به زیان دهقانان پایین نگه داشته شده بود. از تغییرات فرهنگی دوران وی، گرچه امروزه و درادبیات طبقه حاکم بر ایران به خوبی از آن یاد نمی‌شود، اجبار مردم به تغییر در سبک لباس پوشیدن و برداشتن حجاب زنان و همچنین یکجانشین کردن عشایر بود. برخی از تحلیل‌ها اما این تغییرات را یک‌پارچه کردن جامعه ایرانی به نام ملیت ایرانی تفسیر کرده‌اند. اما این تغییرات را می‌توان از الزامات دولت ـ ملت مدرن درنظر گرفت، که با رشد شهرنشینی، افزایش جمعیت طبقه‌ی متوسط جدید و برهم خوردن ترکیب روستایی و شهری ایران، لازم شده بود.

در بعد خارجی یکی از چالش‌های اساسی و دشوار رضاخان رویارویی با حضور کشورهای خارجی بود که سعی در کاهش حوزه‌ی نفوذ آن‌ها داشت

---

134. Asgarivash and Pourhamzavi, op cit.

اما توان لازم برای این رویارویی را نداشت. دراین‌راستا او ابتدا کاپیتولاسیونی را که قرن سیزدهم توسط اروپاییان خارج از حوزه‌ی قضایی ایران به ایران تحمیل شده بود لغو کرد. میلسپو را از سمت خزانه‌داری کل عزل کرد و امتیاز چاپ اسکناس را از بانک شاهی تحت مالکیت انگلیس به بانک ملی جدید انتقال داد.[۱۳۵] رضاخان در این دوران انحصار دولت بر تجارت خارجی را برقرار کرد، به‌طوری‌که در عصر جدید دست به تنظیم چند قرارداد تجاری جدید برای واردات و صادرات با انگلستان و آمریکا زد و تعرفه‌های تجاری در آن نسبت به گذشته اصلاحاتی داشت. این انحصار دولتی را می‌توان با سیاست‌های «حمایتی» دوران میجی در ژاپن مقایسه کرد که دولت رضاخان نیز درصدد انجام آن بود. فوران در تحلیل تلاش‌های رضاخان برای تغییر شرایط تجاری خود با دول قدرتمند غربی معتقد است: «این‌ها همه اقدام‌هایی در مسیر تقویت ایران در رابطه‌ی نابرابرش با قدرت‌های محوری اقتصاد جهانی بود».[۱۳۶]

بااین‌وجود او در کاستن نفوذ شرکت نفت ایران و انگلیس ناموفق بود و مجبور به عقب‌نشینی شد. در ابتدا دولت وقت ایران برای عقد قرارداد جدید پیشنهاد حداقل درآمد سالانه ۱،۲۰۰،۰۰۰ لیره و همچنین جای‌گزینی تدریجی کارکنان ایرانی به جای همتایان خارجی تا پایان قرارداد را به نماینده‌ی شرکت نفت ارائه داد که با مخالفت جدی انگلستان مواجه شد. انگلستان در ادامه با تهدید به ترک مذاکره دولت را برای موافقت با تمدید قراداد تحت فشار قرار داد.[۱۳۷] درنتیجه بسیاری معتقد بودند که موافقت‌نامه‌ی سال ۱۹۳۳ بین رضاخان و بریتانیا از موافقت‌نامه‌ی اعطای امتیازات ۱۹۰۱ (دارسی در زمان قاجار) بهتر نبوده است. برآوردها نشان می‌دهد که بریتانیایی‌ها از فروش

۱۳۵. آبراهامیان، (۱۳۷۸)، ص: ۱۳۱.

۱۳۶. فوران، همان، ص:۳۳۸.

۱۳۷. فاتح، مصطفی. پنجاه سال نفت ایران. تهران: شرکت سهامی چهر، ۱۳۳۵، صص ۳۰۰–۳۰۲.

فرآورده‌های نفتی در بازارهای داخلی ایران پانصددرصد سود به‌دست آورده بودند.[۱۳۸]

به لحاظ سیاسی پایه‌های دموکراسی ایران، که با انقلاب مشروطه ساخته شده بود، همان‌طور که پیش‌تر شرحش آمد، متزلزل و عقیم شده بود اما بسیاری این ضعف را به پای دیکتاتوری رضاخان نوشته بودند و البته یکی از دلایل تشدیدکننده‌ی آن این بود که رضاخان در سال‌های حکومت خود بسیاری از مخالفان خود را با قتل، تبعید و احکام سنگین مجازات می‌کرد. دراین‌میان نیروهای حمایت‌کننده‌ی وی که در ابتدا با او همراهی می‌کردند اغلب از اقدامات او آسیب دیدند و با گذر زمان نسل‌های جدید دیگر رضاخان را منجی خود نمی‌دانستند. گرچه نسل پیش از آن‌ها شاید هنوز هم اوضاع پیش از روی کار آمدن او را به یاد داشتند.

در شرح پایان یافتن عصر رضاخان و پروژه‌ی توسعه‌ی بومی وی مهم است ذکر شود که کناره‌گیری وی از حکومت به‌دلیل اعتراضات و به‌پاخاستن مردم ایران نبود بلکه عزل او از خارج از ایران و با دخالت دوباره‌ی کشورهای انگلستان و شوروی انجام گرفت. شهریور ۱۳۲۰ و در جریان جنگ جهانی دوم با تهاجم متفقین به ایران حتی با وجود اعلان بی‌طرفی ایران در جنگ، رضاخان از سلطنت برافتاد و ولیعهدش محمدرضا جایگزین وی شد. در زمان جنگ جهانی دوم دو کشور بریتانیا و شوروی به همراه کشور آمریکا که تازه به آن‌ها پیوسته بود، به این نتیجه رسیدند که دولت فعلی نمی‌تواند برای رسیدن به دو هدف مثمرثمر باشد: یک: کنترل فیزیکی منابع نفتی، دو: حفظ مسیر شوروی برای انتقال ملزومات و مهمات. دراین‌راستا برای فراهم کردن توجیهاتی برای دخالت در امور داخلی ایران سر ریدر بودلارد وزیر مختار بریتانیا در ایران در گزارشی آورده است که: «ایرانیان از ما انتظار دارند که برای جبران هجوم به کشورشان، حداقل آنان را از خودکامگی شاه نجات دهیم».[۱۳۹]

---

۱۳۸. معدل، منصور. طبقه، سیاست و ایدئولوژی در انقلاب ایران. مترجم: محمدسالار کسرایی. تهران: نشر باز، ۱۳۸۲، ص:۵۳.

۱۳۹. آبراهامیان. (۱۳۹۷). ص: ۱۸۲.

بدین‌صورت دوران ایجاد یک دولت ـ ملت که توسط رضا پهلوی آغاز شده بود توسط دخالت‌های انگلستان، شوروی و ایالات متحده عقیم شد و از روند عادی خود خارج گشت.

پس از عقیم ماندن انقلاب مشروطه، پروژه توسعه‌ی بومی‌ای که توسط رضاخان آغاز شده بود نیز با دخالت خارجی عقیم شد. در شروع جنگ جهانی دوم، برخلاف ژاپن که خود یک طرف کارزار محسوب می‌شد، ایران علی‌رغم بی‌طرفی مورد هجوم کشورهای انگلستان، شوروی و آمریکا قرار گرفت. گرچه ژاپن در جنگ جهانی دوم متحمل شکست و سپس اشغال شد اما همان‌طور که در فصل گذشته شرح داده شد این امر نه تنها موجب عقیم شدن پروژه‌های داخلی کشور نشد بلکه ژاپن را به شیوه‌ی دیگری وارد شراکت با کشورهای مرکزی اشغال کننده کرد. اما در مورد ایران، هر دو جنگ جهانی با ویرانی همراه بود و دستاوردهای نیروهای داخلی را تحت‌الشعاع قرار داد. پروژه‌ی توسعه‌ی رضاخان دچار اختلال و وقفه شد و موجب شد تا نفوذ کشورهایی چون انگلستان و شوروی جان تازه‌ای بگیرد.

سخن پایانی

ایران در قرن نوزدهم کشوری بود که به شکلی ناخواسته و بدون برنامه‌ی قبلی و به‌اجبار وارد معادلات جهانی با قدرت‌های جهانی شده بود. این معادلات جهانی موجب شد تا پای قدرت‌های خارجی بیش از پیش به مناسبات داخلی ایران باز شود و نفوذ آن‌ها افزایش یابد. مناسبات اقتصادی ایران با جهان در قرن نوزدهم و استثمار این کشور توسط قدرت‌های امپریالیستی بیش از آنکه در جهت توسعه و پیشرفت داخلی باشد به منافع کشورهای روسیه و انگلستان کمک می‌کرد و موجب عقب‌ماندگی ایران می‌شد. پس از برخی کشاکش‌های داخلی و متوقف شدن برخی اصلاحات توسط برخی از اشخاص طبقه‌ی حاکم، نیروهای اجتماعی ایران زیر چتر ایجاد مجلسی دموکراتیک برای نمایندگی مردم و کاستن از اختیارات پادشاهی

و تغییر در شرایط اقتصادی آن برهه در ایران گرد هم آمدند و انقلاب مشروطه را رقم زدند. اما همان‌طور که شرح داده شد این انقلاب توسط نیروهای خارجی «عقیم» شد و بلوک تاریخی شکل‌گرفته نتوانست نظم نوین خود را در ایران پیاده کند. درمقایسه با آن، ژاپن قرار دارد که با شروع ورود به قرن نوزدهم اصلاحات گسترده‌ای را تحت نام امپراطوری میجی آغاز کرد و در بطن جنگ‌های جهانی در مرکز مناسبات جهانی قرار گرفت. ایران پس از متوقف شدن مشروطه در شرایطی قهقرایی قرار گرفت و با اقتصادی زمین‌خورده و آشوب‌های داخلی مواجه شد. بحران هژمونی رخ‌داده در این دوره‌ی ده‌ساله، که نه توان بازگشت به نظم قدیمی را داشت و نه توانسته بود نظامی تازه را به منصه ظهور برساند، حالا گرفتار موقعیتی دهشتناک بود. در این شرایط و با عقیم ماندن تلاش‌های نیروهای مترقی، فضا برای ظهور یک قیصر در قامت رضاخان در سپهر سیاسی ایران باز شد. نظم قیصری برای تثبیت موقعیت خود اما یک بلوک تاریخی دیگر را به‌عنوان پشتوانه‌ای قدرتمند با خود همراه داشت. در شرایط آشوب‌زده‌ی پیش از رضاخان، نیروهای اجتماعی ترجیح می‌دادند کسی بر ایران حاکم باشد که بتواند از پس آن شرایط برآید و بتواند هژمونی خود را نقطه‌ی اتصال نیروهای سنتی و مترقی قرار دهد. رضاخان پس از تثبیت حکومت خود برخی اصلاحات اساسی را براساس ظرفیت‌های داخلی ایران آغاز کرد که به شکلی مفصل شرح داده شد. اما همان‌طور که دیدیم با شروع جنگ جهانی دوم و با ورود قوای خارجی ایران دوباره در معرض فروپاشی و توقف دست‌آوردهای توسعه‌ی خود قرار گرفت. درنتیجه، این عاملی خارج از ایران بود که رضاخان را از میان برداشت نه اراده‌ی جمعی نیروهای داخلی. همان‌طور که در فصل ژاپن شرح داده شد، در دوران پس از جنگ جهانی دوم ژاپن، برخلاف ایران، به لحاظ سیاسی هیچ فشاری را تحمل نکرد و دولت ژاپن استقلال خود را در برابر اشغال حفظ کرد. آن‌طور که درباره‌ی ایران شرح داده خواهد شد، ایران پس از جنگ جهانی دوم نیز نتوانست مستقلاً مسیر خود را طی کند و امپریالیسم جهانی جلوه‌ی دیگری از خود را به روی ایران گشود.

فصل چهارم: ورق تازه‌ای از استعمار

«نباید از آقایان این حقیقت را پنهان کنم که در نزد ما ایرانیان، تشویش جلوگیری از هرگونه عملی که در حکم مداخله در صلاحیت ملی باشد، شدیدتر از سایر ملل است و علت هم این است که ما ملل شرق، سالیان دراز مزه‌ی تلخ مؤسسات اختصاصی و استثنایی را که صرفاً به‌منظور تامین بیگانگان به وجود آمده بوده، چشیده و به چشم خود دیده‌ایم که کشور ما میدان رقابت‌های استعماری بوده... .»
مصدق، م. نطق محمد مصدق در دادگاه لاهه، نشریه حافظ، شماره ۱۵، (۱۳۸۴)، ص:۶۲.

برخلاف کشـور ژاپـن کـه در جنـگ جهانـی دوم خـود بخشـی از نیـروی میـان کارزار بـود ایـران در ایـن جنـگ جهانـی هـم اعـلام بی‌طرفـی کـرد. بااین‌وجود اعـلام بی‌طرفی مانـع از اشـغال سـخت ایـران توسـط نیروهـای متفقین و ایـالات متحـده نشـد. اشـغال ایـران در سـال ۱۹۴۱/۱۳۲۰ حکومـت رضاخـان را از میـان برداشـت و پسـر او را بـه جـای او نشـاند. اشـغال ایـران بحران‌هـای اقصادی بسـیاری را بـر ایـران تحمیـل کـرد و ایـران را تبدیـل بـه یـک جـاده‌ی همـوار بـرای رسـاندن مهمـات و نیروهـای نظامـی بـرای اهـداف نظامـی کشـورهای انگلسـتان، شـوروی و ایـالات متحـده کـرد. همان‌طور کـه در فصـل ژاپـن شـرح دادیـم مناسبات ژاپـن در دوران پساجنـگ شـکل دیگـری بـه خـود گرفـت و آن را در کنـار کشـورهای مرکـزی قـرار داد و شـراکت ژاپـن را درراسـتای تثبیت نظـم جدیـد جهانـی تقویـت کـرد. بـه کشـوری حاشیه‌ای چـون ایـران شـکل دیگـری از مناسبات تحمیـل شـد. شـق دیگـر توسـعه‌ی نابرابـر، تحـت لـوای نئولیبرالیسـم در ایـران پیـاده شـد کـه درحال حاضـر شـدت بیشـتری بـه خـود گرفتـه اسـت و همچنـان ایـران را از مسـیر ترقـی عقـب نـگاه داشـته اسـت. در فصـل پیش‌رو بـرگ دیگـری از چهـره‌ی دخالـت خارجـی در وقایـع حسـاس داخلـی ایـران مـورد بحـث قـرار خواهـد گرفـت. قسـمت اول جریـان

ملی شدن صنعت‌نفت در ایران را دربر خواهد گرفت که پس از جنگ جهانی دوم تلاشی بود تا منابع ملی ایران را از دست‌اندازی خارجی حفظ کند و نیز این را که چگونه عامل خارجی توانست دست‌آوردهای جنبش را نابود کند. قسمت دوم به شرح تحمیل نئولیبرالیسم جهانی به ایران در دوران پس از وقایع بهمن ۵۷ خواهد پرداخت و اینکه چگونه نئولیبرالیسم توانسته است منافع خود را در ایران به‌دست آورد و چگونه این نظمِ تحمیل‌شده در تحلیل‌های داخلی ایران به حاشیه رانده شده است.

نظم جدید جهانی و تأثیر آن بر ایران

پس از برکناری رضا پهلوی توسط قشون متفقین پسرش محمدرضا به جای او بر تخت سلطنت نشانده شد. وی در ابتدا پیمانی را در تهران با قشون متفقین بست که به موجب آن مقرر گردید سربازان متفقین تا ۶ ماه پس از پایان جنگ در ایران بمانند و از امکانات کشور استفاده کنند ولی در مقابل، استقلال و تمامیت ایران را محترم شمارند و سپس خارج شوند. محمدرضاشاه برای آنکه در ابتدا وجه خود را در نظر عموم بهبود دهد سوگند خود را بدون پوشش نظامی و در مجلس یاد کرد و همچنین تاکید کرد مطابق قانون اساسی فقط سلطنت کند. هم‌زمان با آن ایران در زمان جنگ جهانی دوم و پس از آن دچار بحران‌های شدید اقتصادی و درکنار گستره‌ی خرابی‌ها و افزایش نارضایتی عمومی صحنه‌ی مداخله‌ی نیروهای متفقین شده بود و هرکدام از نیروهای مداخله‌گر اهدافی را در ایران دنبال می‌کردند. انگلستان آشکارا به دنبال محافظت از منابع نفتی جنوب ایران بود. ایالات متحده به دنبال تقویت سیستم راه‌آهن برای ارسال مهمات به شوروی بود تا موجب تضعیف هرچه بیشتر آلمان شود. کمک‌های زمینی از بنادر هندوستان و گذر از زاهدان و مشهد، کمک‌های دریایی از راه‌های آبی ایران و کمک‌های نفتی ارسالی از طریق راه‌آهن ایران، یعنی در واقع بیش از نیمی از کمک‌های متفقین به خاک

شـوروی از طریـق ایـران گـذر می‌کـرد.[140] در پایـان جنـگ جهانـی دوم استالین همانند دوران تزارهـای روسـی، بـه دنبـال ادعـای مالکیت سـرزمین‌های اشـغالی شـمال ایـران و تشدید اختلاف‌هـای جدایی‌طلبانه و همچنیـن خواهـان دسترسی بـه نفـت ایـران بـود.[141]

پـس از عـزل رضاخـان از سـلطنت، رؤسـای قبایـل کـه در دوران وی بـه شـدت سـرکوب شـده بودنـد از تهـران فـرار کردنـد و بـه افـراد ایـل خـود پیوستند. همچنیـن بسـیاری از سیاست‌مداران طردشده از ایـن فرصـت پیش‌آمـده اسـتفاده کردنـد و بـه صحنـه‌ی سیاسـت بازگشـتند. روشـنفکران و روحانیـون بـه اجتمـاع بازگشـتند و روزنامه‌هـای بسـیاری انتشـار یافتنـد و حتی احـزاب تشکیل شـدند. در ابتـدای سـلطنت محمدرضاشـاه گونـه‌ای دموکراسی و نوعی حـوزه‌ی همگانی از نـو پاگرفـت شـبیه آنچـه کـه در پـی انقـلاب مشـروطه رخ داده بـود. سال‌هـای ۱۳۲۰ تـا ۱۳۳۲ را می‌تـوان دوران فترت سیاسی بـرای نیروهـای سیاسـی مختلف نامیـد. در ایـن دوران زمین‌داران و سیاست‌مداران محافظه‌کار در اتحـادی غیـر رسـمی بـا دسـتگاه مذهبـی قـرار گرفتنـد و همچنیـن احـزاب چپی ماننـد تـوده نیـز توانسـتند خـود را بازیابـی کننـد و در ایـن دوران تحرکاتی موثر در سیاسـت داشـته باشـند.[142] ایـن حضـور گسـتردهی نیروهـا در صف‌آرایـی نیروهـای اجتماعـی در مجلـس و کشـمکش‌ها در مجلـس چهاردهـم (۱۳۲۵ـ۱۳۲۳) بـه اوج رسـید. آبراهامیـان معتقـد اسـت: «انتخابـات مجلـس چهاردهـم بسـیار طولانـی و بسـیار رقابتـی و بنابرایـن بسـیار مهم‌تـر از همـه‌ی انتخابـات ایـران معاصـر بـود.»[143] حاصـل ایـن انتخابـات گرچـه از نظـر ترکیـب نیروهـای محافظه‌کار ماننـد زمین‌دار گذشـته بـود امـا ۶۰ نماینـده از ۱۲۶ نماینـده را چهره‌هـای جدیـد تشـکیل می‌دادنـد. مجلـس بـه هفـت فراکسـیون تقسـیم می‌شـد: سـلطنت‌طلبان ۳۰ نماینـده، فراکسـیون

۱۴۰. الهی، همایون. *اهمیت استراتژیکی ایران در جنگ جهانی دوم*. تهران: مرکز نشر دانشگاهی۷ ۱۳۶۹، ص: ۱۷۴.

141. Bose, T. Ch. (1972). *The Superpowers and the Middle East.* Bombay: Asia Publishing House, p 2.

۱۴۲. کاتوزیان، محمدعلی همایون. *تضاد دولت و ملت، نظریه تاریخ و سیاست در ایران*، مترجم علیرضا طیب، تهران: نشر نی، ۱۳۸۹.

۱۴۳. آبراهامیان، ۱۳۸۹. ص:۱۶۷.

محافظه‌کاران طرف‌دار بریتانیا یا میهن‌پرست ۲۶ نماینده، فراکسیون دموکرات طرف‌دار ایلات و متحد میهن‌پرست ۱۱ نماینده، فراکسیون لیبرال ضد دربار طرف‌دار شوروی ۲۰ نماینده، حزب توده ۸ نماینده، مستقل ۱۵ نماینده و منفردها ۱۶ نماینده.[۱۴۴] در این دوران مجلس شورای ملی به‌تدریج در عصر بعد از رضاخان جایگاه محوری خود را‌که در قانون اساسی بدان اعطا شده بود، بازیافت به‌طوری‌که در میان تمام عوامل تأثیرگذار بر عرصه‌ی مناسبات سیاسی بعد از شهریور ۲۰ این مجلس بود که بیشترین نقش را بازی می‌کرد. در فاصله‌ی سال‌های ۱۳۲۰ تا ۱۳۳۲ ایران عرصه رقابت نیروهای مختلف اجتماعی بود. پا گرفتن حزب توده که یکی از سازمان‌یافته‌ترین و پرعضوترین احزاب تاریخ ایران بود و همچنین احزاب دیگری‌که در این سال‌ها تأسیس شدند، ورود روحانیت، لوطیان، ایلات و عشایر به عرصه سیاسی، جنبش‌های اجتماعی آذربایجان و کردستان همگی از جنب‌وجوشی در فضای سیاسی و اجتماعی ایران خبر می‌داد.

پس از باز شدن فضای سیاسی در مهر سال ۱۳۲۳ در میان کشمکش‌های نمایندگان مجلس یک بحران نفتی وارد فضای سیاسی ایران شد. خبری که منتشر شد حاکی از این بود که ساعد نخست‌وزیر وقت پنهانی می‌خواهد امتیاز نفت جنوب را به شرکت‌های امریکایی و انگلیسی واگذار کند. همچنین شایع بود که امتیاز دیگری در شمال به‌محض خروج نیروهای شوروی به شرکت استاندارد و کیوم واگذار شود. به نقل از آبراهامیان «کنسول انگلیس در مشهد می‌گوید: دخالت قدرتمندانه امریکا، هیأت‌های مالی، نظامی و ژاندارمری، تمایل آشکار ایالات متحده برای تصرف بازار ایران، و فراتر از همه، کوشش‌های استاندارد واکیوم و شل برای حفظ حقوق سرشار نفتی بود که روس‌ها را در ایران از متفقین جنگ گرم به‌صورت رقبای جنگ سرد درآورده است».[۱۴۵]

---

۱۴۴. فوران. ص:۴۰۲.

۱۴۵. آبراهامیان. ۱۳۸۹. ص: ۱۸۹.

روابـط آمریـکا، انگلیـس و شـوروی پـس از گذشـت مدتـی از جنـگ جهانـی دوم دچـار تنـش شـد. شـرکت نفت بریتانیـا در طـول جنگ جهانـی دوم، به‌شکلی اسـتراتژیک بـه نفـت ایـران وابسـته بـود و از اسـتخراج آن بـه انباشـت سـرمایه می‌پرداخـت. از طرفـی، در فاصلـه سـال‌های ۱۳۲۳ـ۱۳۱۹، ۲۱ درصـد از صـادرات غیرنفتـی و ۱۷ درصـد از واردات ایـران بـا شـوروی بـود. باوجودآنکـه در پایـان جنـگ تـراز بازرگانـی شـوروی بـا ایـران ۲۰ میلیـون دلار مـازاد بـه سـود ایـران نشـان می‌داد امـا شـوروی ایـن مـازاد را بـه ایـران نپرداخـت. شـوروی همچنیـن مـازاد غلـه‌ی آذربایجـان را در سـال ۱۳۲۱ قبضـه کـرد و موجب قحطـی در تهـران شـد. جنـگ جهانـی دوم بـرای حضـور آمریـکا در مقابلـه بـا بلـوک شـرق بـا اسـتفاده از کشورایران نیـز بـه نقطه‌عطفـی تبدیـل شـد، به‌طوری‌کـه در سـال ۱۳۲۱ سـی هـزار سـرباز بـه ایـران گسـیل شـد تـا بـر جریـان حمـل و نقـل مهمـات و آذوقـه بـه شـوروی نظـارت کنـد. ایـن اقدامـات و نزدیکـی روزافـزون آمریـکا بـه ایـران تنش‌هـا را بیـن سـه کشـور افزایـش داد.[۱۴۶] در اواسـط سـال ۱۳۲۹ دولـت آمریـکا تصمیـم بـه گسـترش برنامه‌هـای کمـک فنـی بـه ایـران گرفـت و بودجه‌ی سـالیانه‌ی مربـوط بـه ایـن برنامـه را بـه میـزان ۲۰ برابـر افزایـش دهـد. در ملاقـات سـفیر آمریـکا و مصـدق آمادگـی آمریـکا بـرای تامیـن حـدود ۲۳ میلیـون دلار اعتبـار جهـت شـروع برنامه‌هـای اصـل چهـار اعلـام شـد. امـا در اواخـر سـال ۱۳۳۰ ایـران در وضعیـت بحرانـی قـرار داشـت زیـرا آثـار ویران‌کننـده جنـگ جهانـی دوم و اشـغال کشـور همچنان در همـه جـای کشـور دیـده می‌شـد. بیـکاری، فقـر، خرابـی راه‌هـا، کمبـود آذوقـه و همچنیـن کاهـش درآمدهـای نفتـی و درگیری‌هـای ایـران و انگلیس موجب شـده بـود کلیـه‌ی فعالیت‌هـای دولتـی بـه حالـت رکـود دربیاینـد.[۱۴۷]

---

۱۴۶. فوران. صص: ۴۰۷ـ۴۰۶.

۱۴۷. آل‌یاسین، احمد، تاریخچه‌ی برنامه‌ریزی توسعه در ایران، با همکاری جامعه مهندسان مشاور ایران، تهران: سمر، ۱۳۹۳، ص:۸۵.

جنبش ملی نفت و کودتای آمریکایی ـ بریتانیایی

ملی شدن صنعت‌نفت و وقایع پس از آن را می‌توان یکی از نقاط عطف تاریخی صدسال اخیر ایران دانست. در جریان نهضت نفت، بلوک تاریخی‌ای متشکل از گروه‌های اجتماعی مختلفی به چشم می‌خورَد: جبهه ملی که به رهبری محمد مصدق نخست وزیر وقت یکی از اثرگذارترین گروه‌ها بود؛ حزب توده که تا پس از قیام سی تیر در کنار مصدق ماند؛ دیگر گروه‌ها مانند حزب ایران، که متشکل از طبقه‌ی متوسط حقوق‌بگیر شهری چون وکلا، پزشکان، معلمان و کارمندان دولت بود؛ جامعه‌ی مجاهدین اسلام به رهبری آیت‌آلله کاشانی و گروه کوچکی از روحانیان و تجار بازار. در جریان قیام ۳۰ تیر و در حمایت از سیاست‌های نفتی مصدق علیه انگلستان ردپای گروه‌های شهری، کارگران صنعتی، بازار و اصناف و حتی ساکنان مناطق حاشیه‌نشین جنوب تهران، که معمولا آرام بودند، نیز دیده می‌شود. در دیگرشهرها مانند آبادان نیز کارگران پالایشگاه دست از کار کشیدند و در اصفهان همه‌ی اصناف به حمایت از مصدق و جنبش ملی شدن نفت به خیابان آمدند.[۱۴۸]

مصدق با تصویب ملی شدن نفت در تاریخ ۲۹ اسفند ۱۳۲۹ شرکت نفت ایران را تأسیس و مذاکره با شرکت نفت ایران و انگلیس را برای انتقال آرام کنترل مدیریت و منابع آغاز کرد. وی در مقابله با مقاومت انگلیسی‌ها به شرکت ملی نفت دستور داد تأسیسات شرکت قبل را به تصرف درآورد. در تاریخ ۷ تیر سال ۱۳۳۰ در اسناد کشف شده از دفتر شرکت نفت در تهران مدارک قابل توجهی از دخالت دولت انگلستان در تمام شئون سیاسی ایران کشف شد. این اسناد مؤید این بود که شرکت تعدادی از سناتورها، نمایندگان مجلس و وزاری سابق کابینه را تحت نفوذ داشته است. شرکت به روزنامه‌ها برای نوشتن علیه اقدامات مصدق و ملی شدن نفت پول پرداخت کرده بود و حتی در به دست آوردن برخی مقام‌های ریاستی به افرادی چون علی منصور

۱۴۸. آبرهامیان، یرواند. مردم در سیاست ایران: پنج پژوهش موردی ترجمه‌ی بهرنگ رجبی. تهران: چشمه‌ ۱۳۹۴، صص ۷۶ـ۷۴.

و بهرام شاهرخ کمک رسانیده بود.[۱۴۹] در واقع شرکت نفت ایران_انگلیس نه‌تنها به غارت منابع نفتی ایران مشغول بود بلکه به شکلی افراطی در تغییر سیاست‌های داخلی دخالت گسترده داشت.

در جواب اقدامات دولت مصدق انگلیس اقدام به خروج پرسنل شرکت از کشور کرد و صادرات نفت از ایران را ممنوع و درنهایت از ایران به سازمان ملل شکایت کرد. با ملی شدن نفت و فشارهای خارجی در این دوران، دولت مصدق با مسائل اقتصادی مهمی مواجه شد که حتی از مشکلات انبوه اقتصادی پس از جنگ جهانی دوم بزرگ‌تر بود. دولت انگلیس، برای اینکه فشار را بیشتر کند، محدودیت‌های فراوانی نیز در زمینه‌ی تجارت خارجی ایران و تبدیل اندوخته‌هایی که ایران در انگلستان داشت ایجاد کرد. مصدق در این دوره با وجود کاهش شدید صادرات نفت سعی کرد بودجه را متعادل نگه دارد و از این جهت در سال بعد واردات به میزان ۲۵ درصد کاهش یافت. از کالاهای غیرنفتی مانند قالی، ماهی و خاویار، دام زنده، برنج، دخانیات و پنبه مقدار بیشتری صادر شد و ارز بیشتری برای کالاهای وارداتی تامین شد. در این دوران گرچه بازرگانان بزرگِ عرصه‌ی صادرات و واردات زیان دیدند اما تاجران فرش، خشکبار و فرآورده‌های دیگر وضعیت خوبی داشتند. اما دولت و در نتیجه اقتصاد کلان در سطح کشور در این دوران بر اثر بحران نفت آسیب زیادی دید. با کم شدن درآمدهای نفتی درآمدهای گمرکی دولت نیز بر اثر افت واردات کاهش یافت. در طول سال‌های ملی شدن صنعت‌نفت بحران‌های اجتماعی و اقتصادی در ایران تشدید یافت و ناآرامی‌های عمومی که در قالب حرکت‌های گوناگونی سازمان یافته بود، افزایش یافت. در تیرماه ۱۳۳۱ مصدق برای نخستین بار از شاه به‌دلیل نقض قانون اساسی انتقاد نمود و خواهان تعیین وزیر جنگ توسط نخست‌وزیر شد و چون شاه از پذیرفتن آن امتناع کرد مصدق استعفا داد. درخواست مصدق انعکاس زیادی یافت و باوجودآنکه نمایندگان سلطنت‌طلب و طرف‌داران انگلیس قوام را برای نخست‌وزیری برگزیدند اما مصدق به کمک جبهه‌ی ملی و حزب توده مردم

<hr>

۱۴۹. کینزر، استیون. همه‌ی مردان‌شاه، مترجم لطف‌الله میثمی، تهران: صمدیه، ۱۳۸۸، ص ۱۱۰.

را به اعتراض و تظاهرات عمومی دعوت کرد. با وجود مقاومت شاه و کمک ارتش به وی، پس از پنج روز تظاهرات و درگیری حکومت عقب نشست و از مصدق خواست دولت جدید تشکیل دهد. این پیروزی با نام قیام ۳۰ تیر در تاریخ ایران ثبت شد. نیروهای اجتماعی مختلفی تحت رهبری مصدق توانستند یک بلوک مترقی تشکیل دهند که هدفش بازپس گیری منابع نفتی ایران از استعمار خارجی بود. تحت این حمایت مصدق پس از بازگشت، فشارهای دولت را بر دربار و شاه بیشتر کرد، ارتش را به کنترل خود درآورد و درآمدهای دربار را کاهش داد. در داخل مطبوعات و روحانیون و سیاستمدارانی وجود داشتند که به شکل مستقیم از سیا به طور ماهانه حقوق دریافت می‌کردند و این امر موجب شد که در طول بهار و تابستان سال ۱۳۳۲ حملات آنها به مصدق و ملی شدن نفت تند شود و در سطحی گسترده تشدید یابد.۱۵۰ در واقع جنگ روانی علیه مصدق در راستای کودتای ۲۸ مرداد ماه‌ها زودتر آغاز شد.

اختلافات نفتی ایران و بریتانیا برای ایران پیامدهای وخیمی داشت و در راستای شراکت جهانی ایالات متحده نیز جانب بریتانیا را گرفته بود. دراین‌میان شوروی هم در زمان استالین در زمینه‌ی اقتصادی حاضر نشد ۲۰ میلیون دلاری را که ایران از جنگ جهانی دوم در آن کشور داشت به دولت بازپس دهد. این اقدام نیز بحران مالی دولت را شدت بخشید.۱۵۱ کودتای ۲۸ مرداد ۱۳۳۲ راه حلی سیاسی برای معضلی اقتصادی بود که حول محور نفت ایران سیر می‌کرد. در یک طرف این معضل، کارتل بین‌المللی نفتی بود که انحصار بازار نفت و توزیع آن را در جهان سرمایه‌داری برعهده داشت و در طرف دیگر، ائتلاف نیروهای اجتماعی و سیاسی در ایران به رهبری جبهه ملی بود که با ملی کردن صنایع نفتی که ملک خصوصی انگلیسی‌ها بود، این صنعت را تحت مالکیت ملی درآورد.۱۵۲

---

۱۵۰. کینزر، همان. ص ۱۰.

۱۵۱. فوران. ۱۳۹۲. ص: ۴۴۳.

۱۵۲. معدل. ص:۴۵.

اصرار مصدق و نهضت ملی و احزاب چپی چون توده بر ملی شدن صنعت‌نفت ایران و درخطرافتادن منافع نیروهای ارتجاعی وابسته به طبقه‌ی حاکم و همچنین برهم‌خوردن مناسبات اقتصادی قدرت‌های مرکزی موجبات کودتا علیه دولت قانونی مصدق را فراهم کرد. در گزیده‌ای از اسناد امنیت ملی ایالات متحده علت طرح کودتا چنین آمده است:

«در پایان سال ۱۹۵۲ دیگر معلوم شده بود که حکومت مصدق در ایران قادر به دست‌یافتن به توافقی با کشورهای غربی ذی‌نفع نبود، به مرحله‌ی خطرناک و وضعیتی شدیداً غیرقانونی رسیده بود، از جنبه‌ی اقتصادی به حالت ورشکستگی نزدیک شده بود، با طولانی کردن مدت نخست وزیری، مصدق به قانون اساسی ایران بی‌توجهی کرده بود، همه این‌ها به‌طورکلی از طمع مصدق به سلطه‌جویی شخصی ناشی شده بود، سیاست‌های غیرمسؤلانه مبتنی بر احساس حاکم شده بود، شاه و ارتش ایران تا اندازه‌ی مخاطره‌آمیزی تضعیف شده بود و همکاری نزدیک و صمیمی با حزب توده‌ی کمونیست ایران برقرار شده بود. با توجه به این عوامل حدس زده می‌شد که ایران در خطر واقعی سقوط به آن سوی پرده‌ی آهنین قرار گرفته است و اگر چنین می‌شد یک پیروزی برای شوروی‌ها در جنگ سرد و یک شکست برای غرب در خاورمیانه به‌شمار می‌رفت. هیچ راه علاجی غیر از طرح اقدام پنهانی نمی‌توانست وضعیت موجود امور در ایران را بهبود بخشد.»[۱۵۳]

بدین ترتیب بریتانیا، آمریکا و جمعی از نیروهای محافظه‌کار ایرانی طرح و اجرای یک رشته عملیات کودتا را برعهده گرفتند و این عملیات به سقوط مصدق انجامید. طرح اولیه را سازمان جاسوسی انگلستان و وزارت خارجه‌ی آن کشور تهیه کردند، اما طرح مشترک و جدی کودتا توسط بریتانیا و آمریکا در اواخر سال ۱۳۳۱ تهیه شد. بریتانیا و آمریکا توانستند با سیاست‌مداران قدیمی ،چهره‌های مذهبی، رؤسای ایلات و افسران ارشد ارتباط برقرار کنند. آن‌ها همچنین فهرست کاملی از افراد سرشناس ارتش فراهم کردند. یکی از

---

۱۵۳. داج، دین، ال. بخش خاور نزدیک مأمور تاریخ‌نویسی مارچ ۱۹۶۹، گزیده‌ی سندی از اسناد امنیت ملی آمریکا، مترجم بهرام نوازنی، کتاب الکترونیکی شماره ۲۸، ۱۳۷۹.

گروه‌های اصلی شورشی و تحت نفوذ انگلستان برادران رشیدیان بودند در اوایل دهه ۱۹۵۰ میلادی ماهانه مبلغ ۱۰،۰۰۰ پوند از سرویس اطلاعات مخفی انگلستان دریافت می‌کردند و ثروت سرشاری اندوخته بودند. آنان موظف بودند به‌هنگام‌نیاز نیروهای ایرانی رده‌های مختلف را برای اعمال سیاست‌های بریتانیا و آمریکا گردآوری کنند.[۱۵۴]

در نتیجه‌ی برنامه‌ریزی‌های سیا و سازمان اطلاعات مخفی انگلستان، آمریکا با فرستادن رزولت به تهران توانست شاه را مطمئن کند که واشنگتن همراه با حمایت مالی قابل‌توجه، یک موافقت‌نامه‌ی نفتی آبرومند و تضمین سلطنت او و پشتیبانش هستند و برنامه‌ی کودتا را پیگیری خواهند کرد.[۱۵۵] پس از دو روز درگیری در خیابان‌های تهران و ورود مردم در اعتراض‌ها، روز ۲۸ مرداد جمعیتی مرکب از افراد قوی بازار در جنوب تهران که در بین آن‌ها رهبران مذهبی هم دیده می‌شدند به سمت شمال تهران به حرکت درآمدند و بعد نیز نیروهای نظامی به آن‌ها ملحق شدند. آیت‌الله کاشانی که مبلغ ۱۰،۰۰۰ دلار از روزولت دریافت کرده بود[۱۵۶] و همچنین بهبهانی نیز از کودتا حمایت کردند.[۱۵۷] درنتیجه پس از چند ساعت درگیری با محافظان، منزل مصدق و ایستگاه رادیو محاصره شد و زاهدی نخست وزیر قانونی و منصوب شاه اعلام شد.

تبعات کودتا در کوتاه‌مدت و بلندمدت بسیار زیاد بود. در بعد کوتاه‌مدت تعداد قابل توجهی در کودتا کشته شدند و رهبران جبهه‌ی ملی حداکثر تا ۱۰ سال به زندان محکوم شدند. حسین فاطمی وزیر خارجه تیرباران شد. پس از آن حزب توده به شدت سرکوب شد به‌طوری‌که در فاصله‌ی سال‌های ۱۳۳۲ تا ۱۳۳۶ چهل مقام آن اعدام شدند، ۲۰۰ نفر به زندان ابد محکوم شدند و سه هزار عضو حزب نیز به زندان افتادند. سران ایل قشقایی به تبعید رفتند و اموالشان مصادره شد. محمد مصدق پس‌ازآنکه در دادگاه نظامی از خود دفاع

۱۵۴. کینزر، همان. ص ۱۷۶.

۱۵۵. آبراهامیان. ۱۳۹۷. صص: ۲۲۱ ـ ۲۲۰.

۱۵۶. کینزر، همان. ص ۲۰۴.

۱۵۷. کدی. ۱۳۹۲. ص: ۲۴۱.

کـرد سـه سـال در زنـدان ارتـش مانـد، سـپس بـه خانـه خـودش در احمـد آبـاد تبعیـد شـد و تـا زمـان مرگـش در آنجـا بـدون ارتبـاط بـا بیـرون زندگـی کـرد. در یـک جملـه: تمامی فعالیتهای سیاسی و احزاب ممنوع شدند.

در بلندمـدت جنبـش ملـی شـدن صنعت‌نفت فرصتـی جدیـد بـرای اعمـال تغییـرات تـازه و مترقـی بـود کـه بـا دچـار شـدن بـه سرنوشـتی عقیـم از سـوی دو قـدرت آمریـکا و بریتانیـا مرحلـه‌ی تـازه ای از توسـعه‌ی نابرابـر را در کشـور توسعه‌نیافته‌ی ایران رقم زد. پس از انقلاب مشروطه، این جنبش یکی دیگر از جنبش‌هایـی بـود کـه اقشـار مختلـف جامعـه‌ی ایران را بـا یکدیگـر در زیر چتـری جدیـد از منافـع ملـی متحـد کـرده بـود. جنبـش ملـی شـدن صنعت‌نفت بیش‌ازآنکه بـه مبـارزه بـا شـاه بپـردازد مبـارزه بـا وابسـتگی بـه قدرت‌هـای جهانـی را هـدف خـود قـرار داده بـود. آمریـکا هـدف کودتـای ۲۸ مـرداد را مبـارزه بـا کمونیسـم و بازگردانـدن قـدرت بـه شـاه توسـط مـردم تفسـیر کـرد. پـس از کودتـای ۲۸ مـرداد و روی‌کار آمـدن فضل‌الله زاهـدی به‌عنوان نخسـت وزیـر، در سیاسـت خارجـی ایـران تغییـرات عمـده‌ای اتفـاق افتـاد، به‌طوری‌که ایـران مناسـبات خـود را بـا بریتانیـا از سـر گرفـت و در طـی یـک کنسرسیوم بین‌المللی در سـال ۱۹۵۴/۱۳۳۳ نفـت ایـران بـه قدرت‌هـای جهانی واگـذار شـد. در ایـن کنسرسـیوم حـدود ۴۰۰ میلیـون دلار بـه شـرکت نفـت ایـران و انگلیس غرامـت داده شـد و حـدود ۴۰ درصد سـهم شـرکت نفـت جدید به بریتانیا اعطـا شـد. درایـن میـان پنـج شـرکت بـزرگ نفتـی آمریـکا نیـز بی‌نصیب نماندنـد و حـدود ۴۰ درصـد را بـه خـود اختصـاص دادنـد و ۱۴ درصـد بـه رویـال داچ شـل و ۶ درصـد نیـز بـه یـک شـرکت فرانسوی واگـذار شـد.[158] بنابر برآوردهـا، در فاصلـه‌ی سـال‌های ۱۳۴۲ ـ ۱۳۳۳ کنسرسـیوم بـه ازای هـر تـن نفـت ۵۶/۱۲ دلار سـود بـرد درحالی‌که سـود ایـران فقـط ۵/۱ دلار بـود.[159] بـا ایـن اوصـاف، کودتـای ۲۸ مـرداد آغـاز ورود علنـی و مداخله‌گرانـه‌ی آمریـکا به‌عنوان هژمـون جهانیِ جایگزیـن بریتانیـا بـه ایـران اسـت، هرچنـد کـه نقـش پررنـگ ایـن قـدرت جهانـی در ایـران پیـش از کودتـا آغـاز شـده بـود. آمریـکا

۱۵۸. ایوانف، س. تاریخ نوین ایران. ترجمه‌ی هوشنگ تیزابی، حسن قائم پناه. ناشر نامعلوم، ۱۳۵۶، صص: ۱۸۱ ـ ۱۸۰.

۱۵۹. فوران، همان. ص ۴۶۳.

آرام‌آرام جـای انگلیـس را در ایران گرفـت و بـه قدرتـی تعیین‌کننـده و مؤثـر در تصمیمـات سیاسـی و اقتصـادی تبدیـل گشت.

هژمونی آمریکایی و اثرات آن در ایران

از سـال ۱۳۳۹ تـا سـال ۱۳۴۲ در پـی تأکیـد و فشـار آمریـکا، رژیـم پهلـوی ابتدا فضـای بـاز سیاسـی نسبی جدیـدی را در ایران گشـود که حاصـل آن، تولد و تـداوم فعالیت‌هـای تـازه‌ی سیاسـی بـود .بـا وزش نسـیم آزادی‌هـای سیاسـی در سـا ل ۳۹، نیروهـای سیاسـی عمـده‌ی دوره‌ی پیشـین بـا همـان نـام یا نامـی دیگر دوبـاره پا بـه صحنه گذاشتند. جبهـه‌ی ملی بـا نام جبهـه‌ی ملـی دوم، نیـروی سـوم بـا نـام جامعـه‌ی سوسیالیست‌هـای نهضـت ملـی ایـران و حـزب زحمتکشـان بـا نـام جمعیـت پاسـداران آزادی، هـر کـدام بـه شـکلی احیـا شـدند. در ایـن دوره بخش مذهبـی جبهـه‌ی ملـی را عناصـر فعـال در نهضـت مقاومـت ملـی در سـال‌های اختنـاق تشـکیل می‌دادنـد کـه پـس از چنـدی در همیـن دوره بـا نـام نهضـت آزادی ایـران به‌طـور مسـتقل شـکل گرفتنـد .

در ارتبـاط بـا تأثیـرات جنـگ سـرد میـان بلـوک غـرب و شـرق جهـان بـر دوران پهلـوی دوم و درنهایـت سـقوط آن در سـال ۱۳۵۷ بـه دسـت نیروهـای غیرمترقـی و بـه رهبـری نیروهـای مذهبـی، آشـکار شـده اسـت کـه کشـورهای غربـی چـون بریتانیا و آمریـکا بـه بهانه‌ی مبـارزه بـا نفـوذ کمونیسـم در کشـورهای جهان سـوم بـه دو صـورت دخالت‌هـای خـود را گسـترش دادنـد. در تحلیـل اول ایـن کشـورها بـا دخالـت خـود هرگونـه آلترناتیـو و بدیلِ ممکنـی در کشـورهای جهـان سـوم را، کـه عمومـاً دارای حکومت‌هـای اسـتبدادی و وابسـته بـه غـرب بودنـد، بـا کمـک حکومت‌هـای خودکامـه از بیـن بردنـد. در اوایـل دهـه‌ی چهـل سیاسـت‌های آمریـکا در ایـران بـه سـمت ایجـاد وحـدت میـان شـاه و طبقـه‌ی متوسـط و درعیـن حـال خالـی کـردن زیرپـای احـزاب مخالـف شـاه چرخیـده بـود.[۱۶۰] ایـن نیروهـای مخالـف، چپ‌هـا و باقی‌مانـده‌ی اعضـای نهضـت ملـی را شـامل می‌شـد کـه بـا

---

۱۶۰. میلانی، ع. معمای هویدا، تهران: اختران، ۱۳۸۰، ص ۱۷۷.

حـذف شـدن آن‌هـا فعالیت‌هـای زیرزمینی و حتی خشـونت‌بار افزایش یافت.[161] تحلیـل دوم حاکی از ایـن اسـت کـه کشـورهای غربی به‌ویـژه آمریکا معتقد بودند اسـلام‌گرایان در کشـورهای خاورمیانـه بی‌رقیـب هسـتند و تنهـا بدیـل موجـود بـرای مبـارزه بـا کمونیسـم می‌توانند باشـند.[162] در مقابلِ نمونه‌ی ایرانی، در ژاپن ایـن شـیوه از حـذف نیروهـای بدیـل نظـم موجـود بـا هم‌پیمـان شـدن نیروی حاکـم بـا سیاسـت‌های جهـان غـرب علیـه کمونیسـم اتفـاق افتـاد.

فراینـد توسـعه‌ی وابسـته در دوران پهلـوی دوم، وضعیـت طبقاتـی ایـران را تغییـر داد. سـرمایه‌داری بین‌المللـی هم‌گام بـا دولـت موقعیـت برتـری را جهـت کنتـرل بخش‌هـای کلیـدی اقتصـاد به‌دسـت آورد. جایگاه طبقه فئـودال در جریـان اجـرای برنامـه‌ی اصلاحـات ارضی از بین رفت و بـه جـای آن طبقـه‌ی سـرمایه‌دار مالـک در عصـر اصلاحـات ارضی دهـه‌ی چهـل پدیـدار شـد. رخنـه‌ی سـرمایه‌داران بین‌المللـی در اقتصـاد ایـران بـه دگرگونـی سـاختار تولیـد داخلـی آن بـه سـمت نه‌تنها تمرکـز فزاینده در امور تجـارت خارجی بلکـه به تولیـد نفت، سـودآورترین فـراورده، انجامیـد.[163] الگـوی توسـعه‌ی نظـام پهلـوی در سـال‌های پس از کودتـا ازیک‌سـو موجـب افزایـش تعـداد روشـنفکران و گسـترش طبقـه‌ی کارگـر شـد کـه ایـن امـر انجمن‌هـای حرفـه‌ای، اتحادیه‌هـای کارگـری، روزنامه‌هـای مسـتقل و احـزاب سیاسـی (کـه اغلـب زیرزمینـی بودنـد) را تقویـت کـرد. ازسوی‌دیگر برنامه‌هـای توسـعه شـکاف بیـن گروه‌هـای دارا و فقیر را افزایش داد به‌طوری‌کـه ثـروت سرشـار نفتـی بـه سـوی دربـار و وابسـتگانش، کـه تأسـیس کارخانه‌هـا، شـرکت‌ها و واحدهـای کشـت و صنعـت را نیـز بـه عهـده گرفتنـد، سـرازیر شـد. منابـع سرشـار نفتـی در سـال‌های آخـر دوره‌ی محمدرضاشـاه ایران را در زمینـه‌ی بازرگانـی خارجی بـه کشـورهای غربی، کـه عمده‌ی آن‌هـا آمریکا، آلمـان غربی و ژاپـن بودنـد، وابسـته نـگاه داشـت. ایـران در قبـال فـروش منابـع نفتـی خـود ناچـار بـه واردات کالاهـای غربی بـود کـه عمدتاً مصرفـی و گـران بودنـد. سـرمایه‌گذاری

---

161. Ali, Tariq. (2002). *The Clash of Fundamentalism: Crusade, Jihads and Modernity*, London: Verso.

162. Khalidi, Rashid. (2004). *Resurrecting Empire*, Boston: Beacon Press.

۱۶۳. معدل.۱۳۸۲. صص: ۸۳–۸۲.

آمریکا بیشترین میزان سرمایه‌گذاری خارجی در ایران را به خود اختصاص می‌داد و بالغ بر ۵۷۰ میلیون دلار بود که با وجود این از میزان سرمایه‌هایش در اسرائیل (۶۰۰ میلیون دلار)، لیبی (۱۱۴۵ میلیون دلار) و عربستان (۲۰۰۰ میلیون دلار) کمتر بود.[164] در ازای این میزان از سرمایه‌گذاری، ایران درواقع نه‌تنها نفت آمریکا را تامین می‌کرد بلکه از دسترسی شوروی به منابع نفتی ایران و خاورمیانه جلوگیری می‌کرد. این موضوع به‌خصوص در عمق استراتژی هژمونیک آمریکا پس از جنگ جهانی دوم بود. در دهه‌ی هفتاد مازاد سرمایه‌ی نفتی ایران به شکل خرید اسلحه به بانک‌های آمریکایی بازمی‌گشت.

توسعه‌ی نابرابر حاصل از پدیده‌ی سرمایه‌داری در نوع جدیدش همچنان ایران را در جایگاه فرودست و حاشیه فروبرده است و در دوران پهلوی دوم با یک توسعه‌ی وابسته، منابع و سرمایه از ایران به سود اقتصاد جهانی خارج می‌شد و در داخل صرف امور تجملاتی و پر کردن جیب طبقه‌ی حاکم و هم‌پیمانانش می‌شد. سود منابع نفتی ایران با مشارکت و همکاری نخبه‌های سیاسی و اقتصادی حاکم به هژمونی جهانی پرداخت می‌شد و مردم ایران را بیش‌ازپیش تضعیف می‌کرد. در دورانی که کارگران ایرانی صنعت‌نفت تحت شرایط سخت و تفاوتِ فاحشِ دست‌مزدهای خود با همتایان خارجی خود در این صنعت روزگار می‌گذراندند و باوجوداینکه تولید نفت به‌طورکامل به دست آن‌ها انجام می‌گرفت، خانه‌های لوکس، خدمات درمانی، حمل‌ونقل و دست‌مزدهای کلان به کارمندان خارجی مقیم در صنعت‌نفت ایران اختصاص می‌یافت.

شق جدید توسعه‌ی نابرابر

رابطه‌ی استثماری کشورهای مرکز، در رأس و مهمترین آن‌ها آمریکا، با کشور پیرامونی ایران به دوران پسا ۵۷ تا به امروز نیز ممتد می‌شود. این رابطه‌ی استثماری با توجه به چرخش و تحول سیاسی در ایران، که رویکرد

---

۱۶۴. هالیدی. ص: ۲۵۵

مقابلـه بـا غـرب و آمریـکا را در بطـن آرمان‌هـای خـود داشـت، شکل‌وشـمایل تازه‌تـر و شـتاب بیشـتری بـه خـود گرفـت. یکـی از نمونه‌هـای بـارز تحمیل «پسرفت» بـر پیکره‌ی اقتصادی و سیاسی ایران پس از بهمن ۱۳۵۷ و در نتیجـه بازتـاب منفـی ایـن پسرفت بـر نحـوه‌ی پیشـرفت و ترقی کشـور، تشویق و تحریک عـراق بـه جنـگ علیـه ایـران بـود.

جنـگ ایـران و عـراق در فاصلـه‌ی بسـیار کمـی بعـد از حـوادث ۵۷ در شـهریورماه سـال ۵۹ بـا تهاجـم عـراق بـه ایران آغـاز شـد و بـه مـدت هشت سال ادامـه یافت کـه حاصـل آن چیـزی جـز تخریـب و ویرانـی بـرای مـردم ایران و یـا حتـی عـراق نبـود. ایـن جنـگ درواقـع می‌توانـد به‌عنـوان یـک جنگ نیابتی از سـوی قدرتـی مرکـزی ماننـد آمریـکا و هم‌پیمانـان محلـی آن ماننـد عربسـتان هـم قلمـداد شـود. بنی‌صـدر معتقـد اسـت کـه سـفیر سـابق عربسـتان سـعودی در ایالات متحده‌ی آمریـکا، بنـدر بن‌سـلطان، بـه همـراه سـفیر آمریـکا در عـراق جزو نخسـتین شـخصیت‌های دیپلماتـی بودنـد کـه ضمـن ملاقـات بـا صـدام حسـین او را به آغـاز جنـگ بـا ایـران تشـویق کردنـد.[۱۶۵] کمک‌هـای اطلاعاتـی آمریـکا از طریـق هواپیمای آواکسـی کـه بـه عربسـتان اجـاره داده شـده بـود و تکنولـوژی غربـی بـرای سـاختن تسـلیحات حتـی شـیمیایی توسـط عـراق و چشم‌پوشـی از نحـوه‌ی به‌کارگیـری ایـن تسـلیحات علیـه مـردم عـراق و ایـران یکـی از واقعیت‌هـای تلـخ جنـگ ایـران و عـراق اسـت. و اینکـه عربسـتان سـعودی بـا ۳۰ میلیارد دلار کمک‌هـای مالـی بـه رژیـم بعـث در جنـگ علیـه ایـران در رأس کمک‌کننـدگان بـه عـراق قـرار می‌گیـرد، خـود نشـانه‌ای از عـزم جزم‌شـده‌ی مرکـز و هم‌پیمانـان محلـی آن بـرای مقابلـه بـا ایـران اسـت.[۱۶۶] ایـران در همـان سـال نخسـت جنـگ ضمـن تحریـم تسـلیحاتی تـا بـه امـروز از خریـدن تسـلیحات مـورد نیـاز خـود محـروم شـد امـا در بهمن ۱۳۶۰ آمریـکا رژیـم صـدام را از فهرسـت حامیـان تروریسـم وزارت خارجه خارج کـرد و ایـن امـر ورود عـراق بـه بـازار بین‌المللـی سـلاح و خریـد از امریـکا را

---

۱۶۵. بنی‌صدر، ابوالحسن. تاریخ آنلاین: خشت خام، مصاحبه‌ی شماره ۲۵، ۱۳۹۵، منتشر شده در http://www.tarikhonline.ir.

۱۶۶. پورحمزاوی، کریم. داعش: خاورمیانه در آتش جهادگرایان، لندن: نوگام، ۲۰۱۶، ص: ۱۴۱.

تسهیل کرد.[۱۶۷] امروزه رقبای منطقه‌ای ایران از جمله عربستان و اسرائیل در رأس کشورهایی قرار دارند که بخش بالایی از درآمد سالانه‌ی خود را هزینه‌ی تسلیحات از جمله اسلحه‌ی هسته‌ای می‌کنند. دررابطه‌با عربستان، این کشور در سال ۲۰۱۶/۱۳۹۴ با هزینه‌کردن غیرمتعارف ۱۰ درصد از بودجه‌ی خود برای خریدن اسلحه، رتبه‌ی چهارم جهان را در هزینه کردن برای تسلیحات در اختیار داشته و تا اکنون رتبه‌ی نخست واردات تسلیحات، به‌خصوص از بازار آمریکا را در اختیار دارد.[۱۶۸] پس از پایان این جنگ نابرابر و علی‌رغم اینکه سازمان ملل رسماً عراق را آغازکننده‌ی جنگ شناخت، ایران حتی نتوانست غرامتی بابت جنگ هشت‌ساله‌ی خود با عراق دریافت کند.

در آسیب‌های کوتاه و بلندمدت جنگ هشت‌ساله بر پیکره‌ی اقتصادی ایران و مسیر توسعه‌ی آن جای شک‌وشبهه‌ای نیست. پژوهشگر اقتصادی عباس النصراوی (۱۹۸۶) زیان‌های مالی ایران را تا اواسط جنگ یعنی تا سال ۱۹۸۴ در حدود ۲۴۰ میلیارد دلار برآورد کرده است.[۱۶۹] اما تمامی این‌ها به معنی عدم‌وجود پتانسیلی برای توسعه و ترقی در جامعه و ساختار سیاسی و اقتصادی در ایران پس از ۵۷ نبود. در اوایل سال‌های پس از حوادث ۱۳۵۷ جامعه‌ی ایران در اثر کنار گذاشتن سیاست‌های کنترل جمعیت با یک تحول و ازدیاد جمعیت روبرو می‌شود. جامعه‌ی ۳۰ میلیونی قبل از دوران جمهوری اسلامی در دهه‌ی ۱۳۶۰ در حالی به مرز ۶۰ میلیون رسید که نصف بیشتر این جامعه را نسل جوان تشکیل می‌داد.[۱۷۰] این جمعیت جوان گرچه سختی سال‌های منتهی به آشوب ۵۷ و جنگ را از سر گذرانده بود بااین‌وجود آمادگی پذیرش و ایجاد تغییرات نوین در جامعه را نیز داشت. پس از پایان جنگ تحمیلی جامعه‌ی ایران به‌دنبال ایجاد فضایی نو بود تا بتواند زخم‌های خود

---

۱۶۷. موسویان، سیدحسین و همکاران. ایران و آمریکا، گذشته‌ی شکست‌خورده و مسیر آشتی، تهران: تیسا، ۱۳۹۴، ص: ۱۵۲.

168. Fleurant, A, at el. (2017). *Trends in World Military Expenditure*, 2016, SIPRI Fact Sheet

169. Al Nasrawi, A. (1986). "Economic Consequences of the Iran-Iraq War", *Third World Quarterly*: Vol. 8, No. 3, pp. 869-895.

170. Abbasi, M & McDonald, P. (2002). *Revolution, war and democratization: population policy and fertility changes in Iran*, Springer. Vol. 19. No. 1, pp. 25-46.

را التیام بخشد. این رشد چشمگیر جمعیت در دوران جدید موجب افزایش سطح انتظارات شد و برآورده نشدن این انتظارات با بیکاری و عدم وجود آزادی‌های مدنی همراه شد. این روند درواقع به شکل‌های مختلفی چه از جنبش دانشجویی سال ۱۳۷۸ تا آبان‌ماه ۱۳۹۸ موتور محرکه‌ی اعتراضات ایران شده‌اند.

گام دیگر توسعه‌ی نابرابر: نئولیبرالیسم

جامعه‌ی ایران پس از ۵۷ که یک دهه جنگ موازی با سرکوب و حذف‌های گروهی داخلی را گذرانده بود و پس از پایان جنگ به دنبال تغییرات سیاسی و اجتماعی بود. ازاین‌رو توسعه‌ی اقتصادی مبتنی بر رشد و تحت نام برنامه‌های تعدیل ساختاری[171] در کشورهای حاشیه‌جهانی، در ایران پس از جنگ، توسط دولت اکبر هاشمی رفسنجانی دنبال شد. برنامه‌های تعدیل پس از یک دوره هشت‌ساله‌ی جنگ نابرابر ایران و عراق برای توسعه ایران از طرف نهادهای بین‌المللی مانند بانک جهانی و صندوق بین‌المللی پول ارائه شد. این برنامه‌ها شامل تقویت و گسترده کردن بخش خصوصی، آزادسازی تجارت خارجی و کاهش حضور دولت در اقتصاد بود. محمد مالجو تاکید بر کوچک شدن دولت را «معضل» ساخته‌شده توسط نئولیبرالیسم می‌داند.[172] تحمیل خصوصی‌سازی به ایران و ناکارآمدی آن، این بخش را طبق ایدئولوژی نئولیبرال طلبکار دولت و سازمان‌های اقتصادی کرد و موجب شد به دنبال حمایت، سرمایه و دریافت اعتبارات از دولت برآید که به نوعی در تعارض با سیاست‌های تعدیل ساختاری بود.[173] بدین‌ترتیب در جریان خصوصی‌سازی نه‌تنها سرمایه‌گذاری به بخش غیردولتی واگذار نشد بلکه نهادهای تازه‌ای برای درچنگ گرفتن اقتصاد و سیاست ایران سربرآوردند. می‌توان گفت بعد از وقایع سال ۵۷ یک وفاق عمومی در میان نخبگان اقتصادی نیروهای جمهوری

---

171. Structural Adjustment

۱۷۲. مالجو، محمد، کوچک‌سازی دولت در اقتصاد ایران، مجله گفتگو، ۱۳۸۵، ص: ۲۷.

۱۷۳. رییس‌دانا، فریبرز. جهانی‌سازی قتل عام اقتصادی، تهران، انتشارات نگاه، ۱۳۸۳، ص: ۹۹.

اسلامی وجـود دارد کـه ورای مواضـع ایدئولوژیکشـان عمـل می کنـد و آن اینکـه همگی موافـق خصوصی‌سازی کامل اقتصاد ایران هستند و همگی معتقدند این شـکل خصوصی‌سـازی می‌توانـد هماننـد نوش‌دارویـی مشـکلات و معضـلات اقتصـادی ایـران را حـل کنـد.[174] . درکنـار سیاسـت‌های توصیه‌شـده‌ی سازمان‌های جهانی، درسـال ۱۹۹۵ میـلادی آمریکا بـا اعمـال لایحـه‌ای بـه نـام ایران ـ لیبـی، ایـران را تحریـم کـرد. بـا تشـدید وخامـت اوضـاع اقتصادیِ طبقـات متوسـط و حاشـیه‌ای، ایـران تحـت برنامه‌هـای تعدیـل طبقـه‌ی حاکـم شـاهد برخاسـتن اعتراضـات نسـبت بـه وضعیت معیشـتی در شهرسـتان‌هایی چـون مشـهد، شـیراز، زاهـدان، زنجـان، ارومیـه، اراک، مبارکـه، قزویـن و اسلام‌شـهر بـود. می‌تـوان گفـت پـس از بهمـن ۱۳۵۷ ایـران بطور غیرقابل‌پیش‌بینـی بـا خیـزش طبقـات حاشـیه‌ای مواجـه شـد. همچنیـن در نبـود آزادی‌هـای مدنـی و اجتماعـی کـه خـود پدیـده‌ای طبیعـی ناشـی از یـک اقتصـاد عقب‌مانده اسـت، پـس از تحمیـل تعدیـل سـاختاری و زیـر فشـار رفتـن طبقـات متوسـط و همزمـان بـا سـختگیری‌های اجتماعـی دهه ۷۰ شمسـی توسـعه‌ی سیاسـی به‌عنـوان یـک راه‌حـل و یـک برنامـه‌ی جدیـد، کـه در واقـع ادعایـی ایدئولوژیـک بیـش نبـود، ارائـه شـد.

انتخابـات سـال ۱۳۷۶ بـا معرفـی یـک نامـزد کمتـر شناخته‌شـده و بـا طـرح توسـعه‌ی سیاسـی وارد شـور و غوغایـی تـازه شـد. محمـد خاتمـی کـه بعدهـا بـه رهبـر جنـاح رقیـب اقتدارگرایـان کـه بخـش بزرگـی از اقتصـاد و سیاسـت را در دسـت داشـتند تبدیـل شـد. خاتمـی بـا شـعار اصلاحـات خصوصـاً در عرصـه‌ی سیاسـی وارد کارزار انتخابـات شـد و بـا رأی بی‌سـابقه‌ی بیسـت میلیونـی جوانـان تحصیل‌کـرده و بـا انتظـارات افزایش‌یافتـه، برنـده‌ی قاطـعِ آن شـد. نه‌تنهـا محافظـه‌کاران قدرتمنـد داخلـی بلکـه دولـت محافظه‌کاران جدیـد بـه رهبـری جـورج بـوش پسـر در آمریـکا هـم بـا سیاسـت‌های متعـددی کـه در قبـال ایـران در پیـش گرفـت در نهایـت موجـب تضعیـف خاتمـی و جنبـش اصلاحـات در ایـران شـدند.[175] پـس از واقعـه‌ی یـازده سپتامبر، ایـران در زمـره‌ی کشـورهایی بـود

174. Harris, Kavan. (2013). *The Rise of the Subcontractor State Politics of Pseudo-Privatization in The Islamic Republic of Iran*. J. Middle East Study. Vol: 45, 45–70, p:46.

175. Aslan, R. (2010). "What We Got Wrong". *Foreign Policy*, Issue 180. No. 2, p 109.

که ضمن همدردی با دولت و ملت آمریکا همکاری لازم را در جنگ این کشور علیه طالبان در افغانستان انجام داد. دولت خاتمی دراین‌خصوص برای نخستین‌بار در تاریخ پس از انقلاب اجازه استفاده از حریم هوایی ایران را به آمریکا داد. اما آنچنان که رضا اصلان یادآور می‌شود آمریکا در پاسخ به همکاری ایران در سیاست خارجه و روند اصلاحات و دموکراسی‌خواهی این کشور در سیاست‌های داخلی، ایران را در زمره‌ی کشورهای «محور شرارت» و درکنار کشورهایی همچون عراق و سوریه و کره‌ی شمالی قرار داد. دو کشور عراق و سوریه بعدها در اثر اشغال و دخالت‌های نظامی آمریکا به کشورهای بی ثبات و غیر کارا[۱۷۶] تبدیل شده و تا زمان نوشتنِ این سطور افق روشنی برای بازگشت این کشورها به حالت طبیعی قابل‌تصور نیست. هر دو کشور ایران و سوریه، که خود را در «محور شرارت» آمریکا یافته بودند، دلایل کافی برای هراس از نیروهای آمریکایی، که در همسایگی آن‌ها عراق و افغانستان را اشغال کرده بودند، داشتند. هر دو کشور از آن پس برای ناکام کردن حضور نظامی آمریکا در عراق به توافق و استراتژی مشترکی نیز رسیدند.[۱۷۷] از این‌رو، هر چه تحلیل به سمت تاریخ نزدیک‌تری پیش برود، تأثیر منفی سیاست‌های دولت بوش نه‌تنها بر وضعیت اقتصادی و گشایش دموکراتیک در ایران بلکه بر ثبات کل منطقه‌ی خاورمیانه به‌عنوان منطقه‌ای در پیرامون جهانی آشکارتر می‌شود. عامل دیگری نیز که دولت خاتمی را با مشکل مواجه کرد ادامه‌ی سیاست‌های خصوصی‌سازی اما این‌بار به شکل دیگری که بتواند جایگزین طرح تعدیل باشد، بود. دوران خاتمی با دادن مجوز برای تأسیس شرکت‌های خصوصی تحت اصل ۴۴ قانون اساسی اقدام کرد که درانتها موجب خصوصی‌سازی شرکت‌های تابعه‌ی نفتی، بانک‌ها، شرکت‌های هواپیمایی، نیرو، ساخت‌وساز و مخابرات شد.[۱۷۸] درنتیجه انحصارات در این بخش‌ها شکل گرفت و موجب ضعیف شدن هرچه‌بیشتر اقشار حاشیه‌ای شد.

---

176. Failed State.

۱۷۷. پورحمزاوی، ۲۰۱۶، صص: ۱۸۲–۱۸۱.

178. Harris, Kavan, op cit, p:53.

پـس از پایـان دولـت خاتمـی، محمـود احمدی‌نـژاد وارد عرصـه‌ی سیاسـی ایـران شـد. احمدی‌نـژاد و طیـف راست‌گرای حامـی او کـه پیش‌ازایـن بارهـا بـه خصوصی‌سـازی و اقتصـاد لیبرالیسـتی دولت‌هـای خاتمـی و هاشـمی رفسـنجانی حملـه می‌کردنـد حـالا خـود سـکان‌دار خصوصی‌سـازی هرچه‌گسـترده‌تر منابـع ملی ایـران شـدند. احمدی‌نژاد طرحی به نام «طرح سهام عدالت» بـرای حمایت از دهک‌هـای درآمـدی پاییـن را معرفـی کـرد و ادعـا کـرد حـدود سـیزده میلیون نفر از قشـر حاشـیه‌ای ایـران ایـن سـهام را دریافـت خواهنـد کـرد. اقشـاری‌که ایـن سـهام را دریافـت کردنـد شـامل نیروهـای حوزوی، طـلاب، کمیتـه‌ی امداد خمینی، نهادهـای قرآنـی، خانواده‌هـای شـهدا، تعـدادی روزنامه‌نـگار، برخی از روسـتاییان و عشـایر و راننـدگان تاکسـی بودنـد. در نتیجـه‌ی سـهام عدالـت نهادهایـی مابیـن بخـش خصوصـی و عمومـی به‌وجـود آمدنـد کـه توانسـتند کنتـرل بخش‌هـای زیـادی از اقتصـاد ایـران را به‌صـورت انحصـاری به‌دسـت بگیرنـد. درواقـع حتی ایـن سیاسـت‌ها نیـز، کـه برگرفتـه از سیاسـت‌های اقتصـادی کینـزی بـود کـه نیم‌نگاهـی بـه اقشـار کـم درآمـد داشـته و بـا تخصیـص حقوق‌هـای حداقلـی سـعی در سرپا نگه‌داشـتن ایـن قشـر متضـرر از سیسـتم سـرمایه‌داری و درآن‌واحـد تبدیل کـردن آن بـه نیـروی خریـد ولـو حداقلـی دارد، دچـار گـرداب مافیایـی و اقتصـاد رانتـی و فسـاد سـاختاری نهفته‌درآن شـد. به‌عنـوان مثـال، شـرکت نمایشـگاه‌های بین‌المللـی ایـران بـه ازاء بدهی‌هـای دولـت، بـه سـازمان تامیـن اجتماعـی نیروهـای مسـلح واگـذار شـد.[۱۷۹]

بحـران اقتصـادی دوران احمدی‌نـژاد بـا اعمـال تحریم‌هـای بیشـتر از طـرف آمریـکا و متحـدان غربـی‌اش بـه شـکل قطعنامه‌هـای شـورای امنیـت در سـال‌های ۲۰۰۶، ۲۰۰۷، ۲۰۰۸، ۲۰۱۰ و ۲۰۱۱ افزایـش یافت. در اغلـب تحلیل‌هـای موجـود در بـاره‌ی اعتراضـات سـال ۸۸، کـه درنتیجـه‌ی انتخابـات دور دوم احمدی‌نـژاد اتفـاق افتـاد، نقـش وضعیـت اقتصـادی و فشـار وارده بـر اقشـار مختلـف جامعـه به‌دلیـل تحریم‌هـا و وابسـتگی فکـری نخبـگان اقتصـادی بـه نئولیبرالیسـم غربـی نادیـده گرفتـه می‌شـود. در دوره‌ی دوم دولـت احمدی‌نـژاد

---

179. Ibdi, pp: 55-57.

شـاهد واگـذاری دیگربخش‌هـای جامعـه و اقتصـاد ایـران بـه دسـت پیمانکاران و نهادهـای خصوصـی دیگـر به‌دلایـل بحـران اقتصـادی، بدهی‌هـای دولتـی و غیـره نیـز هسـتیم. به‌طورمثـال واگـذاری بنـادر صیـادی هرمـزگان، خوزسـتان و سیستان‌وبلوچسـتان بـه پیمانکـاران خصوصـی زندگـی اقتصـادی بومـی اهالـی ایـن بنـادر را به‌خطـر انداخت و آن‌هـا را هرچـه بیشـتر بـه بخـش حاشـیه‌ای اقتصـادی کشـانید.

رونـد خصوصی‌سـازی بنـادر ایـران درحال‌حاضـر همچنـان ادامـه دارد و شـکل گسـترده‌تری بـه خـود گرفتـه اسـت. دولـت روحانـی به‌عنـوان «دولـت اعتـدال» و بـا شـعارهایی کـه حاکـی از تعامـل و همکاری بـا جهان غـرب داشـت جایگزیـن دولـت محافظه‌کار احمدی‌نـژاد شـد. همـکاری دو دولـت روحانـی و اوبامـا، بـا حضـور اتحادیـه‌ی اروپـا، روسـیه و چیـن و رایزنی‌هـای دیپلماتیـک در ایـن خصـوص سـرانجام بـه یـک تعهـد بین‌المللـی، کـه بـرای هـر یـک از مشـارکت‌کنندگان مسئولیت‌های قائـل می‌شـد، انجامیـد. ایـن توافـق در محافـل ایرانـی بـه «برجـام» معـروف شـد. امـا روی‌کارآمـدن ترامـپ و سیاست‌های آمریـکا در عهـد او نـه منجـر بـه تقویـت و تشـویق «اعتـدال» در ایـران شـد و نـه بـه ثبـات اقتصـادی ایـن کشـور، کـه فی‌الواقـع از چهـار دهـه تحریم‌هـای متعـدد اقتصـادی رنـج می‌بـرد، کمکـی کـرد. دولـت ترامـپ به‌شـکل یک‌جانبـه از توافـق برجـام خـارج شـد و ایـن رویکـرد عمـلاً بـه معنـی خـروج تمامـی طرف‌هـای شـرکت‌کننده در برجـام و پایـان‌کار ایـن توافـق بین‌المللـی بـود.[۱۸۰]

چرایـی متـرادف بـودن خـروج آمریـکا از یـک توافـق بین‌المللـی بـا پایـان آن توافـق چندجانبـه‌ی بین‌المللـی را نیـز می‌تـوان در کارهـای انجـام شـده در حـوزه‌ی روابـط و اقتصـاد بین‌الملـل و نـگاه سـاختاری بـه روابـط مرکـز و پیرامون‌جهانـی جسـت. آنچنـان‌کـه پیش‌تـر ذکـر شـد، روبـرت کاکـس (۱۹۸۱) دراین‌خصـوص سـازمان‌های بین‌المللـی را یکـی از مکانیزم‌هـای بسـط هژمونـی بـرای ابرقدرتـی ماننـد آمریـکا در جهـان می‌دانـد. امـا یکـی از همیـن سـازمان‌های بین‌المللـی بـه

---

180. Landler, M. (2018). "Trump Abandons Iran Nuclear Deal He Long Scorned". (*The New York Times*), Retrieved, 12/09/2018, from: https://www.nytimes.com/2018/05/08/world/middleeast/trump-iran-nuclear-deal.html.

نام شورای امنیت در سال ۲۰۰۳ با مخالفت با اشغال عراق هژمونی آمریکا را به چالش کشید.[181] در این سال نه‌تنها رقبای سنتی مانند روسیه و چین بلکه فرانسه با پشتیبانی آلمان نیز، با هم‌پیمان آمریکایی خود بر سر اشغال عراق مخالفت کردند تا این ابرقدرت هزینه‌ی سیاسی سنگینی را پرداخت کند. این تجربه آمریکا را واداشت تا در موازات با سازمان ملل و شورای امنیت آن مکانیزمی تهیه کند تا بدون رجوع به دو نهاد یاد شده همان نتیجه و کارایی را دریافت کند.[182] خروج یک‌جانبه از برجام نمونه‌ی بارزی از مکانیزم جایگزین یاد شده است که آمریکا در پی آن توانست بدون رجوع به سازمان ملل عملاً همان تحریم‌های طاقت‌فرسا را به ایران تحمیل کرده و التزام دیگرطرف‌ها به این تعهد را عملاً بی‌اثر کند.

در آخرین تأثیرگذاری بر روند اقتصادی کشوری مانند ایران، که تأثیر آن تا زمان نوشتن این سطور نیز ادامه دارد، دولت ترامپ ایران را با بحران ارزی و در نتیجه کاهش روزافزون ارزش ریال مواجه کرد. در نتیجه‌ی خروج از برجام و تحت فشار گذاشتن دیگر کشورها و بانک‌های جهان جهت عدم‌مبادله با بانک مرکزی ایران، بانک مذکور نتوانست ارز موردنیاز و تقاضای داخلی را تأمین و عرضه کند. درنتیجه خط موازنه بین عرضه و تقاضا با شدت زیادی به سمت رشد قیمت‌ها و یا در اصل فروپاشی ارزش ریال چرخید. روند تعامل مرکزجهانی به رهبری آمریکا با کشور ایران پس از انقلاب نیز بر هر دو ی توسعه اقتصادی و سیاسی تأثیری منفی داشته است. جای تعجب هم نیست که در کشور درحال‌توسعه‌ای مانند ایران، همانند دیگر بخش‌ها و کشورهای حاشیه‌جهانی، فساد مالی و اداری به‌وجود آمده در بحران‌های اقتصادی ساختار جهانی مزید بر علت شده و حدت بحران را افزایش دهد. گالتونگ نام این روند را «شراکت» مرکزنشینان در پیرامون‌جهانی با مرکزنشینان مرکزجهانی نامیده است. خروج ارقام بسیار بالای ارزی از بانک‌های ایران به

---

181. Levine, M. (2005). *Why They Don't Hate Us*, Oxford: Oneworld.

182. Cypher, M, J. (2016). "Hegemony, military power projection and US structural economic interests in the periphery". *The Third World Quarterly*, Vol. 37. No. 5, pp 800-817.

خارج از کشور، درست در بحبوحه‌ی بحران‌های ارزی، می‌تواند نمونه‌ای از این «شراکت» باشد. به‌عنوان مثال، در بحران ارزی پیش‌آمده توسط دولت ترامپ، بیش از بیست میلیارد دلار به‌یک‌باره از ایران خارج و به بانک‌های خارج از کشور منتقل شد.[۱۸۳] مشابه همین رقم از ارز نیز در بحران ارزی سال ۱۳۹۰ و ۱۳۹۱ از کشور خارج شد.[۱۸۴] در ادامه‌ی این اقدامات به‌چالش کشیده شدن برجام درحال‌حاضر و تبعات اقتصادی آن، ایران را در لحظه‌ی کنونی در بحران قرار داده است و آسیب جدی به بدنه‌ی اجتماعی کشور وارد خواهد کرد.

نئولیبرالیسم تحمیلی در ایران از دهه‌ی ۹۰ میلادی، در دوران ریاست جمهوری هاشمی رفسنجانی، که پس از جنگ ایران و عراق روی کار آمد، آغاز شد. تحمیل آن به ایران نیز نوع جدید همان توسعه‌ی نابرابر نظام سرمایه‌داری است که به‌وسیله‌ی هژمونی جهانی و برای حفظ و توسعه‌ی آن گسترش یافته است. درواقع حتی پایان جنگ سرد نیز مانع از نفوذ و دخالت کشورهای مرکزی جهان چون ایالات متحده در مناطق خاورمیانه، که منابع مهمی دراختیار داشتند، نشد.[۱۸۵] در اقتصاد تک‌محصولی و متکی به نفت ایران ارزش افزوده‌ی چندانی تولید و انباشته نمی‌شود تا سرمایه‌داری در این کشور را در زمره‌ی سرمایه‌داری اقتصادهای توسعه‌یافته قرار دهد. بنابراین آنچه که نئولیبرالیسم از آن به‌عنوان «خصوصی‌سازی» در کشوری مانند ایران یاد می‌کند عبارت است از غارت اموال عمومی توسط مجموعه‌ی حاکم و شرکای خارجی آن‌ها در قالب شرکت‌های خارجی. ژاپن به‌دلیل شراکت با هژمونی جهانی و همچنین توسعه‌یافتگی کشور پیش از ورود به نظم جدید جهانی توان مقاومت در برابر پذیرفتن بی‌چون‌وچرای نئولیبرالیسم را داشت. برخلاف آن ایران، که بارها به علت دخالت کشورهای مرکزی و عقیم ساختن روند توسعه‌ی بومی توان مقاومت را نداشته است، تاکنون نه‌تنها شرایط

---

۱۸۳. تسنیم، خبرگزاری. «خروج ۲۰ میلیارد دلاری از بانک‌های ایران»، ۱۳۹۶.

۱۸۴. ایسنا، خبرگزاری. «ماجرای خروج بی سر و صدای ۲۲ میلیارد دلار ارز از کشور در اواخر دولت قبل»، کد خبر: ۹۳۱۱۰۷۰۴۰۷۳، ۱۳۹۳.

185. Harvey, op cit, p: 94.

عقب‌ماندگی خود را تغییر نداده بلکه همچنان با بحران‌های عظیمی مواجه است. ایران پس از وقایع۵۷ نیز نتوانسته است مسیر توسعه به شکل بومی و براساس واقعیت‌های اجتماعی خود را ایجاد کند و بارها به صورت‌های مختلف مورد هجوم دخالت‌های خارجی قرار گرفته است. همچنین گره‌خوردن منافع طبقه‌ی اقتصادی حاکم داخلی با شرکای مرکزی موجب شده است سیاست‌گذاری‌های داخلی برمبنای حفظ روابط نخبگان حاکم و نه منافع مردم ایران باشد.

نئولیبرالیسم ایرانی درحال‌حاضر بخش بزرگی از جامعه را به حاشیه رانده است. طبق آمار دولتی حدود ۶۰ میلیون نفر از جمعیت ۸۰ میلیونی ایران واجد دریافت یارانه هستند. به‌طورمثال، گرچه حداقل دستمزد کارگری در ایران حدود یک میلیون و هشت‌صد هزار تومان تعیین شده است اما هزینه‌ی یک خانوار در سال ۹۸ نزدیک به پنج میلیون تومان و در سال ۹۹ ده میلیون تومان تعیین شده است. بحران‌های اجتماعی، زیست‌محیطی، اثر تحریم‌ها و افزایش نابرابری میان طبقات اجتماعی در شرایط فعلی جامعه‌ی ایران را چنان دچار بن‌بست کرده است که حتی توانایی یافتن راه‌حلی برای برون‌رفت از بحران‌های خود را ندارد. باتوجه به آنچه که به‌طور مفصل شرح داده شد توسعه نیافتن ایران حاصل فرهنگ غلط و حقیر بودن جامعه ایرانی نبوده است بلکه این ساختارِ نابرابرِ نظام سرمایه‌داری است که توسعه یافتن کشورهای مرکزی را به قیمت توسعه نیافتن بخش‌های دیگر جهان خریداری کرده است.

فصل پنجم: کلام آخر

« برای ساختن تاریخ، انسان باید در موقعیتی باشد که بتواند زندگی کند.»
مارکس، ک. *ایدئولوژی آلمانی،* ترجمه‌ی زوبین قهرمان، انتشارات مؤسسه‌ی مارکسیسم—
لنینیسم، ص: ۳۰

اولین کنش تاریخی انسان تولید وسایل لازم برای رفع نیازهایش است. درواقع این روند از تولید زندگی مادی انسان را شکل می‌دهد. از این رو برای هرگونه برداشت از تاریخ باید واقعیت‌های اساسی را ضمن در نظر گرفتن ریشه‌های مادی این واقعیت‌ها با تمام پیامدهایش مورد توجه و اهمیت قرار داد.[۱۸۶] ازاین‌رو، بازگشت به شرایط اقتصادی (مادی) و تاریخی ایران برای درک عقب‌ماندگی موجود هدف اصلی این نگارش بوده است. اینکه ایرانیان به‌شکلی ذاتی عقب‌مانده هستند و یااینکه استحقاق ترقی و پیشرفت را ندارند در هیچ تحلیل علمی جایگاهی ندارد. در این کتاب برای برداشت تاریخی از عدم‌پیشرفت ایرانیان در مقابل ترقی سرمایه‌دارانه‌ی ژاپن به شرح واقعیت‌های موجود و چرایی آن‌ها پرداخته‌ایم.

انتخاب ژاپن برای مقایسه با ایران، از دل مباحثات نظری و حتی گفتمان و محاورات در میان جامعه‌ی ایران اهمیت یافته است. برای بسیاری از ایرانیان مثال توسعه یافتن ژاپن همواره وجود داشته است به‌طوری‌که از درس‌های مدارس ایرانی و محافل آموزش عالی تا حتی گزارش‌های ورزشی و مکالمات مسئولان کشوری، ژاپن به‌عنوان یک نمونه‌ی موفق و پیشرفته نام برده می‌شود.

---

۱۸۶. مارکس، ک. *ایدئولوژی آلمانی،* ترجمه‌ی زوبین قهرمان، انتشارات مؤسسه‌ی مارکسیسم—لنینیسم، ۱۳۶۰، صص: ۳۱–۳۰.

حافظه‌ی تاریخی ایرانیان در مقایسه‌ی خود با ژاپن به قرن نوزدهم و شکست از روسیه بازمی‌گردد. زمانی‌که ایران با عجز جنگ با روسیه را باخته و برای بیش از یک قرن تحت نفوذ سیاسی و اقتصادی همسایه‌ی قدرتمند خود قرار گرفت، ژاپن با برتری همه‌جانبه توانست روسیه را شکست دهد. پس‌ازآن، زمانی‌که ایران در دو جنگ جهانی به وضع اسفناک اقتصادی و سیاسی گرفتار شده بود ژاپن در میان کارزار جنگ خود را به‌عنوان یکی از قدرت‌های جهانی معرفی کرده بود. پیش‌ازاین‌ها ژاپن حتی اولین و تنها کشور آسیایی بود که پابه‌پای کشورهای غربی در قرن نوزدهم پیشرفت کرده بود و قدرت‌های جهانی را به چالش می‌طلبید. به‌دلیل این مقایسه‌های تاریخی کتاب پیش‌رو سعی و تلاشی در جهت کندوکاو ریشه‌های اقتصادی‌ـ‌سیاسی توسعه در ژاپن و عدم‌توسعه در ایران است.

چرایی عقب‌ماندگی ایران همواره از دغدغه‌های ذهنی تحلیلگران و همچنین نویسنده‌ی این کتاب است. اینکه با وجود منابع سرشار ملی، ظرفیت‌های انسانی فراوان، موقعیت جغرافیایی مطلوب ایران در مسیر توسعه و پیشرفت به تنگنا رسیده است. در دوران مدرن ایران با جنبش‌های جمعی ترقی‌خواهانه و برنامه‌های اصلاحاتی بسیاری مواجه بوده است اما این حرکت‌های جمعی به عبور از مرحله‌ی بن‌بست و ایجاد توسعه ختم نشده‌اند. بن‌بست فعلی و عدم‌اطمینان از آینده‌ که به‌شکل آشکاری در جامعه‌ی ایران دیده می‌شود نیازمند بازگشت به گذشته و بررسی چرایی آن است.

برخلاف باور عمومی و بسیاری از تحلیل‌های موجود که عدم پیشرفت ایران در مقایسه با پیشرفت ژاپن را در غباری از دلایل فرهنگی و ذاتی پوشانده‌اند این گفتار بر ساختاری دیدن وضعیت و بررسی شرایط مادی پدیدآورنده‌ی آن تأکید دارد. ایران برای اینکه مسیر پیشرفت و ترقی را طی کند به موعظه‌های اخلاقی و فرهنگی نیازی ندارد بلکه لازم است که چرایی عدم‌پیشرفت را با نگاهی ساختاری و برمبنای داده‌های تاریخی مشاهده کند. نظریات لیبرالیستی توسعه همواره برای توجیه وضع موجود به دنبال راه‌حل‌هایی رفته‌اند که بتواند موضوع را به‌طور سطحی پوشش دهد و از بررسی ریشه‌های ساختاری

معضل اجتناب کند. مثلاً در جواب اینکه چرا برخی کشورهای جهان در شرایط بدی به‌سر می‌برند و چرا برخی از مردم جهان فقیرند، نظریات فرهنگی به فرهنگ مردم و تفاوت‌های ذاتی آن‌ها ارجاع می‌دهند. این نظریات به تاریخ شکل‌دهنده‌ی پدیده‌ها بازنمی‌گردند و برای یافتن چرایی آن تلاشی ندارند و ازاین‌رو نمی‌توانند نگاهی دقیق بدهند و همین نوع نگرش موجب تقلیل چرایی پدیده‌ها به تحلیل‌هایی غیرساختاری می‌شود. اینکه مردم ایران به لحاظ فرهنگی عقب‌مانده و غیر مترقی هستند پاسخ چرایی عدم‌توسعه در ایران نیست و اینکه مردم ژاپن به‌دلیل هوش سرشار و جوهر درونی بهتر، ترقی و پیشرفت کرده‌اند قانع کننده نخواهد بود. سؤالاتی که نوشته‌ی حاضر به‌دنبال آن بوده است ابتدا چرایی توسعه‌نیافتگی ایران در برهه‌های تاریخ مدرن و سپس مقایسه‌ی توسعه‌ی ایران و ژاپن با هم است.

نگاه تأکیدشده بر آن در این مبحث، نگاهی انتقادی است. مکتب انتقادی برخلاف مکتب لیبرالیستی برای شرح وضعیت جوامع به ساختار شکل‌دهنده‌ی آن‌ها می‌نگرد. در این مکتب علت عقب‌ماندگی برخی مناطق جهان نه به عوامل فرهنگی و خاص هر منطقه بلکه به ساختار نابرابر جهانی ارجاع داده می‌شود. پدیده‌ی سرمایه‌داری به ازای توسعه نیافتن برخی از مناطق برای توسعه‌ی دیگر مناطق جهان رشدونمو کرده است. این توسعه‌ی نابرابر حاصل و نتیجه‌ی نوع توسعه‌ی سرمایه‌داری در جهان است که توسعه‌ی برخی از مناطق را در ازای عقب‌ماندن مناطق دیگر ممکن می‌کند. در نظام سرمایه‌داری، برخی از کشورهای جهان باید نقش تامین‌کننده‌ی منابع و تابع را بازی کنند درغیراین‌صورت نظام سرمایه‌داری در مرکز جهانی با بن‌بست و بحران مواجه می‌شود. مکتب وابستگی علت توسعه‌نیافتگیِ کشورهای حاشیه‌جهانی را توسعه یافتن کشورهای سرمایه‌داری می‌داند و معتقد است برای توسعه یافتن برخی از نقاط جهان مناطق دیگری باید عقب بمانند. اما مکتب وابستگی در تحلیل جوامع حاشیه‌ای نقش نیروهای داخلی و کنش آن‌ها را نادیده می‌گیرد و یا بسیار کم‌رنگ فرض می‌کند. گرچه برخی از اندیشمندان این مکتب به نقش نیروهای داخلی و شرح روابط نیروهای حاکم

و شـراکت آنهـا بـا نیروهـای حاکـم کشـورهای مرکـزی پرداخته‌انـد امـا در تحلیـل آنهـا از تاریـخ کشـورهای پیرامونـی جهـان، نقـش و پویایـی نیروهـای اجتماعـی در هالـه‌ای از ابهـام قـرار دارد.

علاوه‌براینکـه کارهـای ارزنده‌ای در رابطـه بـا بررسـی اقتصـاد سیاسـی ایـران از منظـر مکتـب وابسـتگی ارائـه شـده اسـت، بـرای شـرح توسعه‌نیافتگی ایـران نیـاز بـه نظریـه‌ای چندجانبه‌تـر احسـاس می‌شـد. نظریه‌ای‌کـه بـا شـرح توسعه‌ی نابرابـر در جهـان بـه نیروهـای اجتماعـی داخلـی و نقـش آنهـا نیـز نگاهـی نویـن داشـته باشـد. گرمشی شـاید بـا مفهـوم «هژمونـی» شـناخته شـده باشـد امـاکارهـای او، بـرای فهـم هژمونـی، مفاهیمـی در نظریه‌پـردازی رابطـه‌ی «دولـت و ملـت»، «بلـوک تاریخـی»، «انقـلاب» و غیـره مطـرح می‌کنـد. او کـه تجربـه‌ی زندگـی در شـرایط نامطلـوب ایتالیـای اوایـل قـرن بیسـتم را دارد نظریـه‌ای جامع‌تـر بـرای تحلیـل عقب‌ماندگی برخـی از جوامـع جهـان ارائـه داده اسـت. او، در آغـاز قـرن بیسـتم، ایتالیـا را در شـرایط بغرنـج و بحرانـی مشـاهده می‌کنـد و حتـی سـرگردانی روحـی جامعـه‌ی ایتالیـا را بـه بی‌تابـی و تـرس حیوانـات پیـش از وقـوع زلزلـه تشـبیه می‌کنـد.[187] وی در شـرح ایـن وضعیت معتقـد اسـت کـه شـرایط اقتصـادی و سیاسـی ایتالیـا را فقـط در یـک نـگاه جهـانی می‌تـوان درک کـرد و در ایـن راسـتا بـه توصیـف توسعـه‌ی نابرابـر در نظـم سـرمایه‌داری دسـت می‌زننـد. مفهـوم دیگری‌کـه گرمشـی بـرای چرایـی عقب‌ماندگـی برخـی جوامـع به‌کار می‌بـرد بـا بلـوک تاریخـی آغـاز می‌شـود. بلـوک تاریخـی در هـر کشـوری بـرای تغییـر در وضـع موجـود شـکل می‌گیـرد و دربرگیرنـده‌ی حداکثـر نیروهـای اجتماعـی مترقـی جامعـه اسـت. ایـن بلـوک تاریخـی بایـد بتوانـد نظـم قدیمـی حاکـم بـر جامعـه را از بیـن ببـرد و نظـم خـود را حاکـم کنـد تـا قـادر باشـد نظـام و هژمونـی جدیـد خـود را پایه‌ریـزی کنـد. پیش‌تـر مارکـس ایـن مفهـوم را بـه شـکل دیگـری شـرح داده اسـت کـه هیـچ نظـم اجتماعـی از بیـن نمی‌رود مگرآنکـه نیروهـای تولیـدی آن بطـور کامـل تکامـل یافتـه و بـه مرحلـه نسـخ برسـند، ازایـن‌رو مناسـبات نویـن تولیـد بـا از میـان برداشـتن

---

187. Gramsci, *Selections from Political Writings* 1910-1920, p:72.

شـرایط ناکارآمـد قدیمـی مرحلـه‌ی نویـن خـود را آغـاز مـی کننـد.[۱۸۸] گرمشـی بـا شـرح بیشـتر آن، مفهـوم «انقـلاب عقیـم» را نیـز مطـرح می‌کنـد. در کشـورهای موسـوم بـه جهـان سـوم امـروزی جنبش‌هـای اجتماعـی بـا دخالـت نیروهـای خارجـی (در مقاطعـی از تاریـخ هژمـون جهانـی) مـورد هجـوم قـرار می‌گیرنـد و عقیـم می‌شـوند. عقیـم شـدن ایـن حرکت‌هـا بـه معنـی عدم‌موفقیـت در ایجـاد نظـم جدیـد و تغییـر وضعیـت موجـود متناسـب بـا نیازهـای بومـی اسـت و موجـب شکسـت آن‌هـا می‌شـود. نتیجـه‌ی بی‌درنـگ ایـن پروسـه پدیـده‌ای اسـت کـه در ادبیـات انتقـادی بـه «توسـعه‌ی نابرابـر» شـناخته می‌شـود.

در مقایسـه‌ی ایـران و ژاپـن بـه تاریـخ مـدرن آن‌هـا توجـه شـده اسـت. برهه‌هـای شـرح داده شـده در کتـاب نقاطـی از تاریـخ دو کشـور اسـت کـه بـا جنبش‌هـای ترقی‌خواهانـه همـراه بـوده اسـت و هرکـدام از ایـن نقـاط شـرح دهنـده‌ی نیـاز تـازه‌ای در دو جامعـه اسـت. ژاپـن و توسعه‌یافتگی آن بـا نـام «انقـلاب میجـی» گـره خـورده اسـت. دوران میجـی دوران شـکوفایی ژاپـن بـرای دسـتیابی بـه توسـعه‌ی سـرمایه‌دارانه بـوده اسـت. بـا روی کار آمـدن نظـم میجـی در ژاپـن کـه حاصـل شـکل گیری یـک بلـوک ترقی‌خـواه بـا همراهـی چندیـن نیـروی متفـاوت اجتماعـی بـود، ژاپـن پـا بـه عرصـه‌ی صنعتـی شـدن و جهـان سـرمایه داری گذاشـت. ازایـن‌رو انقـلاب میجـی یـک «انقـلاب» موفـق و تمام‌عیـار از منظـر گرمشـی اسـت. از ایـن رو بلـوک تاریخـی شـکل‌دهنده‌ی جنبـش میجـی توانسـت هژمونـی خـود را در ژاپـن جدیـد شـکل دهـد. دراین‌راسـتا، نظـم پیشـین فئودالـی در ژاپـن تغییـر یافـت و نیروهـای مولـده بـه کمـک دولـت آغـاز بـه ایجـاد یـک اقتصـاد صنعتـی کردنـد. ژاپـن در زمـان گام نهـادن در مسـیر سـرمایه‌داری صنعتـی، هماننـد همتایـان غربـی خـود، بـه مانـع تأثیرگـذار تخریـب کننـده‌ی (عقیم‌کننـده‌ی) جـدی برنخـورد و توانسـت بـدون موانـع امپریالیسـتی مسـلط بـر اراده‌ی سیاسـی و اقتصـادی، توسـعه‌ی بومـی خـود را بـا توجـه بـه نیازهـای جامعـه ایجـاد کنـد. امـا برخـلاف آن ایـران در آسـتانه‌ی قـرن نوزدهـم گرچـه توانسـت بلـوک تاریخـی را در قالـب انقـلاب مشـروطه شـکل دهـد امـا نتوانسـت آن را بـه سـرانجام برسـاند. انقـلاب مشـروطه حاصـل

---

۱۸۸. گرمشی، آنتونیو. شهریار جدید، عطا نوریان، تهران: نشر اختران، ۱۳۹۵، ص: ۱۰۱ پاورقی.

گردهم‌آیی نیروهای اجتماعی مختلفی بود که برای دستیابی به حکومت قانونی و دموکراتیک و عدالت‌طلب تلاش می‌کردند. مشروطه‌خواهان پایه‌ی شکل‌گیری نهاد دموکراتیک مجلس نمایندگی را در ایران ریختند که البته شرایط «عقیم» بودن این نهاد همچنان و تا به امروز در فضای سیاسی ایران وجود دارد. مجلس شورای ملی شکل‌گرفته اما در همان اوایل شکل‌گیری توسط نیروی خارجی روسیه و با هماهنگی بریتانیا که پیشاپیش مناطق نفوذ در ایران را با روسیه تقسیم کرده بود به توپ بسته شد. مشروطه می‌توانست سرآغاز تغییرات بسیاری در نظام سیاسی و اقتصادی ایران باشد و یکی از آن تغییرات اساسی جلوگیری از وابستگی همه‌جانبه‌ی ایران به نیروهای مرکزی جهان بود. اما درنهایت به سرنوشتی خنثی گرفتار شد و گرچه تلاش‌های بسیاری برای بازگرداندن آن صورت گرفت اما در شرایط بحرانی نیروهای نظام گذشته اوضاع را به دست خود گرفتند. لذا در نمونه‌ی ایران و به تعبیر گرمشی نه نظام قدیم به‌تمامی از بین رفت و نه نظام و سازوکارهای جدید از رحم ویرانه‌های رژیم گذشته متولد شدند. این درد ساختاری تا به امروز با ایران است. لذا در دورانی که ژاپن به‌عنوان یک صادرکننده اساسی کالا در جنگ جهانی اول نقش ایفا می‌کرد ایران گرفتار قحطی و تجاوز نیروهای خارجی شده بود.

هرج‌ومرج نشأت‌گرفته از شکست انقلاب مشروطه در ایران سرانجام و یک دهه بعد به سربرافراشتن بناپارتیستی به نام رضاخان منجر شد. رضاخان در آن دوران نقش یک «منجی» را برای ایران بازی می‌کرد و توانست آشوب‌های داخلی را از بین ببرد و ثباتی در کشور ایجاد کند. ایران تضعیف‌شده اینک به‌ازای از دست دادن دستاوردهای مشروطه سرنوشت خود را به یک قیصر سربرآورده از بحران سپرد.

رضاخان اما نه آن منجیِ ازآسمان‌نازل‌شده و نه آن دیکتاتور خون‌خواری بود که از او یاد می‌کنند. رضاخان با کمک و همراهی نیروهای اجتماعی مختلف توانست نظمی جدید را ایجاد کند که آغازگر مدرنیته در ایران بود. شرح فعالیت‌های رضاخاه پیش‌تر آمده است اما آنچه که ارزش یادآوری

دوباره را دارد آن است که رضاخان در شـرایط قهقرایی ایران قدرت را بدست گرفت اما بـرای تثبیت نظم خـود با نیروهـای بسیاری همـراه بـود. دستاوردهای اقتصادی و اجتماعی وی از دل یک برنامـه‌ی بومی شده برآمـده بود و تا حدودی، آنگونه که شـرح داده شد، پاسـخگوی نیازهـای مردم در آن دوران پر آشـوب ایران بـود گرچـه این پـروژه به دست عوامل خارجی دچار خلل و حذف شد.

در جنگ جهانی دوم ژاپن به‌عنوان یک قـدرت مرکزی در میدان می‌جنگیـد و ایـران گرفتـار هجـوم و اشـغال نیروهـای متفقیـن، علی‌رغـم بی‌طرفـی بـود. مهاجمان رأس حاکمیت وقت را در ایران تغییر دادند و راه‌ها و زیرساخت‌های تازه‌تأسیس و منابـع آن را بـرای مقاصـد جنگـی خـود به کار بردند. درانتهـای جنگ جهانی دوم ژاپن دوبـاره به عرصـه‌ی شـراکت با هژمونی تازه جهانی به رهبری آمریکا بازگشت و از کمک‌های بسیاری از جانب بلـوک غرب برخوردار شـد امـا ایـران تـازه به جولانگاه هجـوم کشـورهای انگلستان، شـوروی و آمریکا تبدیـل شـده و حتـی می‌بایسـت بـا چالـش اشـغال اراضـی شـمالی خـود توسـط ارتـش استالین دسـت‌وپنجه نـرم می‌کـرد. این به منزلـه‌ی تبدیـل شـدن ایران بـه میدانـی بـرای رقابت‌هـای جهانی بـود, رقابتی کـه ایران در آن هیـچ منفعتـی نداشـت. آمریکا کـه پـس از جنگ جهانی دوم مجال یافتـه بود خـود را به‌عنوان قـدرت جهانی معرفی کند به دنبال تثبیت هژمونی خـود در جهان بـود. از ایـن طریـق بـا ایجـاد بلـوک سرمایه داری کشورهای توسعه‌یافته ازجمله کشور ژاپن را وارد بلـوک هژمونیـک و شـراکت بـا خـود کـرد. حمایـت همه‌جانبـه و برنامه‌هـای کلان سـرمایه‌گذاری بـرای نوسـازی ژاپـن توانسـت ویرانه‌هـای جنگ در ژاپن را بـه تدریـج بازسـازی کنـد و ژاپـن را در بلـوک غرب بـرای تثبیت نظم جدید همـراه سـازد. در همیـن دوران ایـران بـه رهبـری مصدق و نیروهـای ملـی و چپ‌گـرا بـه دنبـال ملـی کـردن تنهـا منبـع اقتصـادی یعنـی نفـت بـود و توانسـت صنعت‌نفـت را ملـی اعـلام کنـد. امـا دیـری نپاییـد کـه انگلستان و آمریـکا توانسـتند دولت مصدق را بـه شـکل کودتـا از میـان و کمـاکان مناسبت قدیمی خـود را در تسـلط اقتصـادی و سیاسی بـر ایران حفـظ کننـد. هژمونـی ایـالات متحـده بـرای تثبیت خـود و مقابله بـا بلـوک شـرق بـه رهبری اتحـاد جماهیر شـوروی مبارزه بـا

کمونیسم را به شکل از بین بردن نیروهای آلترناتیو موجود آغاز کرد. نیروهای چپ در ژاپن به‌شکلی ضعیف‌تر و دموکراتیک‌تر از صحنه‌ی رقابت خارج شدند اما بهانه‌ی مبارزه با کمونیسم پس از کودتای ۲۸ مرداد ۳۲ تمامی نیروهای سیاسی ایران از جمله حزب توده و جبهه ملی را از بین برد و موجب تقویت نیروهای اسلام‌گرا در ایران شد که درنهایت منجر به حوادث ۱۳۵۷ شد.

نظم جهانی از دهه‌ی هشتاد میلادی تاکنون نئولیبرالیسم می‌باشد که شیوه‌ی نوینی از توسعه‌ی نابرابر در حاشیه‌جهانی پدید آورده است. نئولیبرالیسم در ژاپن به‌شکلی کنترل شده وارد شده و هیچ‌گاه به مفهوم غربی آن پیاده نشد. در حقیقت ژاپن به‌دلیل توانایی اقتصادی و سیاسی قادر به اعمال چنین کنترلی بود. ژاپن در اواخر قرن بیستم با سرعت بیشتری از اقتصاد حمایتی کنار گرفت که این بحران‌هایی هم برای اقتصاد ژاپن به همراه داشت. ایران با ویرانی‌ها و خسارت‌های جنگ عراق، که با تشویق آمریکا و هم پیمانانش همراه بود، به استقبال دهه‌ی نود و نئولیبرال کردن اقتصاد خود شتافت. اما «سامان دادن» نئولیبرال در اقتصاد مریض و وابسته‌ی ایران تنها شکاف طبقاتی را بیش‌ازپیش گسترده و طبقه‌ی حاکم را بیش‌ازپیش شریک سازمان‌های تثبیت‌کننده‌ی هژمونی غرب، مانند صندوق بین‌المللی پول و بانک جهانی، و نخبه‌های سرمایه‌داری جهانی کرد. نئولیبرالیسم که به‌طور «خزنده» به ژاپن راه پیدا کرد، با تحکیم و اجبار به ایران تحمیل شد. تحمیل این ایدئولوژی به جهان سوم و به‌عنوان نظم نوین جهانی از دولت‌های ریگان و تاچر در اوایل دهه‌ی هشتاد میلادی شروع شد. اما خاورمیانه و ایران نئولیبرالیسم را از دهه‌ی نود میلادی به‌عنوان تنها گزینه‌ی موجود در پیش رو داشتند. نظم فعلی جهانی درحال‌حاضر ایران را با تحریم، جنگ‌های نیابتی، جنگ رسانه‌ای و توصیه‌های غیربومی مورد هجوم قرار داده است و از آنجایی که طبقه‌ی حاکم بر ایران شرکا و سرمایه‌های بین‌المللی تضمین‌شده دارد، این جمعیت حاشیه‌ای و طبقات فرودستِ در حال بزرگ و بزرگ‌تر شدن ایران هستند که بهای اساسی این ساختار نابرابر را می پردازند. وضعیت فعلی ایران محصول

باخت نیروهـای داخلـی درمقابـل فشـارهای خارجـی اسـت کـه نـه توانایـی ایجـاد جنبشـی بـه سـمت نظمـی نویـن را دارد و نـه بـه وضعیـت موجـود رضایـت خواهـد داد.

درحاشـیه قـرار گرفتـن کشـوری چـون ایران حاصـل توسـعه‌ای نابرابر اسـت کـه بایـد در بعـد جهانـی تحلیـل شـود. تأکیـد بـر فرهنـگ و سبک زندگی ایرانی، یـا در متـن کلی‌تـر شـرقی، قـادر بـه تحلیـل توسـعه‌نیافتگی جهـان سـوم نیسـت و موجـب خطـای تحلیلـی خواهـد شـد. تحلیلگـران فرهنگی و لیبرالیسـتی درواقـع سـرنا را از سـر گشـاد آن می‌زننـد و تاجایـی قـادر بـه تحلیـل هسـتند کـه کسـی دربرابـر نظـم موجـود قامـت افراشـته نکنـد.

منابع فارسی

آبراهامیان، یرواند. ایران بین دو انقلاب، ترجمه‌ی کاظم فیروزمند و همکاران، تهران: نشر مرکز، ۱۳۸۹.

آبراهامیان، یرواند. تاریخ ایران مدرن، ترجمه‌ی محمد ابراهیم فتاحی، تهران: نشر نی، ۱۳۹۷.

آبرهامیان، یرواند. مردم در سیاست ایران: پنج پژوهش موردی ترجمه‌ی بهرنگ رجبی. تهران: چشمه، ۱۳۹۴.

اتحادیه (نظام مافی)، منصوره. مرامنامه‌ها و نظامنامه‌های احزاب سیاسی ایران در دومین دوره‌ی مجلس شورای ملی، تهران: نشر تاریخ ایران، ۱۳۶۱.

آدمیت، فریدون. شورش بر امتیازنامه رژی: تحلیل سیاسی، تهران: پیام، ۱۳۶۰.

استوری، ریچارد. تاریخ ژاپن، ترجمه‌ی فیروز مهاجر، تهران: پاپیروس، ۱۳۶۷.

اسمیث، دنیس. تاریخ اقتصادی ژاپن ۱۹۹۵ ـ ۱۹۴۵، ترجمه محمدحسین وقار، تهران: اطلاعات، ۱۳۷۷.

الهی، همایون. اهمیت استراتژیکی ایران در جنگ جهانی دوم تهران: مرکز نشر دانشگاهی، ۱۳۶۹.

آل‌یاسین، احمد. تاریخچه برنامه‌ریزی توسعه در ایران، با همکاری جامعه‌ی مهندسان مشاور ایران، تهران: سمر، ۱۳۹۳.

امیراحمدی، هوشنگ. ابزارهای توسعه صنعتی تداوم و گسست، مترجم علیرضا طیب، تهران: موسسه‌ی نشر و پژوهش شیرازه، ۱۳۷۷.

اوری، شاورادوین. ژاپن در فراز و نشیب تاریخ، ترجمه حسین نجف‌آبادی فراهانی، تهران: بهار، ۱۳۷۹.

اونو، کینچی. توسعه‌ی اقتصادی ژاپن: مسیر طی شده توسط ژاپن به‌عنوان کشوری در حال توسعه، مترجمان ناهید پوررستمی و شهرزاد مفتوح، تهران: انتشارات دانشگاه تهران، ۱۳۹۴.

ایسنا، خبرگزاری. «ماجرای خروج بی سر و صدای ۲۲ میلیارد دلار ارز از کشور در اواخر دولت قبل»، کد خبر: ۹۳۱۱۰۷۰۴۰۷۳، ۱۳۹۳.

ایوانف، س. تاریخ نوین ایران. ترجمه‌ی هوشنگ تیزابی، حسن قائم‌پناه. ناشر نامعلوم، ۱۳۵۶.

بشیریه، حسین. جامعه‌شناسی سیاسی (نقش نیروهای اجتماعی در زندگی سیاسی)، تهران: نشر نی، ۱۳۹۰.

بیزلی، ویلیام. جی. ظهور ژاپن مدرن، نگاهی به مشروطه‌ی ژاپنی، مترجم شهریار خواجیان، تهران: ققنوس، ۱۳۹۳.

بنی صدر، ابوالحسن. تاریخ آنلاین: خشت خام، مصاحبه‌ی شماره‌ی ۲۵، ۱۳۹۵، منتشر شده در http://www.tarikhonline.ir.

پرویزیان، پرویز. نوسازی سیاسی ژاپن بعد از جنگ جهانی دوم، تهران: کتابخانه مرکزی دانشگاه تهران، ۲۵۳۵.

پورحمزاوی، کریم. داعش: خاورمیانه در آتش جهادگرایان، لندن: نوگام، ۲۰۱۶.

تروتسکی، ل. تاریخ انقلاب روسیه. ترجمه سعید باستانی. لندن: نشر کارگری سوسیالیستی، جلد اول، ۱۳۶۰، نسخه الکترونیکی: http://www.iwsn.org/nashr.htm

تسنیم، خبرگزاری. «خروج ۲۰ میلیارد دلاری از بانک‌های ایران»، ۱۳۹۶.

چیلکوت. درآمدی بر مسائل اقتصادی کشورهای جهان سوم، نظریه‌های توسعه و توسعه‌نیافتگی، ترجمه‌ی احمد ساعی، تهران: نشر علوم نوین، ۱۳۷۵.

حکمی، نسرین. «ریشه‌ها و ویژگی‌های توسعه و نوسازی در ژاپن»، مطالعات جامعه‌شناختی، شماره‌ی ۴، ۱۳۶۹، از ۱۳۳ تا ۱۶۶.

خاطرات احتشام‌السلطنه. به کوشش سیدمحمدمهدی موسوی، انتشارات زوار، ۱۳۶۷.

داج، دین، ال. بخش خاور نزدیک مأمور تاریخ‌نویسی مارچ ۱۹۶۹، گزیده‌ی سندی از اسناد امنیت ملی آمریکا، مترجم بهرام نوازنی، کتاب الکترونیکی شماره ۲۸، ۱۳۷۹.

دیوب، اس. سی. نوسازی و توسعه، در جستجوی قالب‌های فکری بدیل، مترجم سیداحمد موثقی، تهران: قومس، ۱۳۸۶.

رجب‌زاده، احمد. جامعه‌شناسی توسعه، بررسی تطبیقی تاریخی ایران و ژاپن، تهران: سلمان، ۱۳۷۸.

رییس‌دانا، فریبرز. جهانی‌سازی قتل‌عام اقتصادی، تهران: نگاه، ۱۳۸۳.

ساعی، احمد. توسعه در مکاتب متعارض، تهران: قومس، ۱۳۸۴.

شعبانی، رضا. مروری کوتاه بر تاریخ ایران، تهران: انتشارات سخن، ۱۳۸۰.

عجم‌اوغلو، دارون، رابینسون، جیمز ای. چرا ملت‌ها شکست می‌خورند؟، ترجمه‌ی محسن میردامادی و محمدحسین نعیمی‌پور، تهران: روزنه، ۱۳۹۲.

فاتح، مصطفی. پنجاه سال نفت ایران. تهران: شرکت سهامی چهر، ۱۳۳۵.

فراستخواه، مقصود. سرگذشت و سوانح دانشگاه در ایران، تهران: موسسه‌ی خدمات فرهنگی رسا، ۱۳۸۵.

فوران، جان. مقاومت شکننده، تاریخ تحولات اجتماعی ایران از صفویه تا سال‌های پس از انقلاب اسلامی، مترجم احمد تدین، تهران: خدمات فرهنگی رسا، ۱۳۹۲.

کاتوزیان، محمدعلی همایون. تضاد دولت و ملت، نظریه تاریخ و سیاست در ایران، مترجم علیرضا طیب، تهران: نشر نی، ۱۳۸۹.

کدی، نیکی‌آر. ایران دوران قاجار و برآمدن رضاخان ۱۳۰۴ ـ ۱۱۷۵، ترجمه مهدی حقیقت‌خواه، تهران: ققنوس، ۱۳۸۱.

کدی، نیکی‌آر. ریشه‌های انقلاب ایران، مترجم عبدالرحیم گواهی، تهران: گلرنگ یکتا، ۱۳۹۰.

کرزن، جرج. ایران و قضیه‌ی ایران، ج ۱، مترجم وحید مازندرانی، تهران: انتشارات علمی و فرهنگی، ۱۳۶۲.

کسروی تبریزی، احمد. تاریخ مشروطه‌ی ایران، تهران: انتشارات امیرکبیر، ۱۳۶۳.

کینزر، استیون. همه‌ی مردان‌شاه، مترجم لطف‌الله میثمی، تهران: انتشارات صمدیه، ۱۳۸۸.

گرمشی، آنتونیو. شهریار جدید، عطا نوریان، تهران: نشر اختران، ۱۳۹۵.

مارکس، ک. ایدئولوژی آلمانی، ترجمه‌ی زوبین قهرمان، انتشارات مؤسسه‌ی مارکسیسم ـ لنینیسم، ۱۳۶۰.

مالجو، محمد. «کوچک‌سازی دولت در اقتصاد ایران»، مجله‌ی گفتگو، شماره ۴۵، ۱۳۸۵.

مجد، محمدقلی. قحطی بزرگ، ترجمه محمد کریمی، تهران: موسسه مطالعات و پژوهش‌های سیاسی، ۱۳۸۷.

مطیع، ناهید. مقایسه‌ی نقش نخبگان در فرایند نوسازی ایران و ژاپن، تهران: شرکت سهامی انتشار، ۱۳۸۲.

معدل، منصور. طبقه، سیاست و ایدئولوژی در انقلاب ایران. مترجم: محمدسالار کسرایی. تهران: نشر باز، ۱۳۸۲.

مقصودی، نصرالله، استادحسین، رضا. «الگوی توسعه‌ی اقتصادی در کشور ژاپن»، مجله‌ی اقتصادی، شماره ۲۷ و ۲۸، ۱۳۸۲، صفحات ۳۷ تا ۵۱.

ملک‌زاده، مهدی. تاریخ انقلاب مشروطیت ایران، جلد ۲، تهران: نشر رواق، ۱۳۳۵.

مور، برینگتون. ریشه‌های اجتماعی دیکتاتوری و دموکراسی، مترجم حسین بشیریه، تهران: مرکز نشر دانشگاهی، ۱۳۷۳.

موسویان، سیدحسین و همکاران. ایران و آمریکا، گذشته‌ی شکست‌خورده و مسیر آشتی، تهران: تیسا، ۱۳۹۴.

میلانی، ع. معمای هویدا، تهران: اختران، ۱۳۸۰.

نقی‌زاده، محمد. مبانی تفکرات اقتصادی و توسعه‌ی ژاپن، تداوم و تغییر، تهران، شرکت سهامی انتشار، ۱۳۸۴.

نیری، یان. «دموکراسی پارلمانی در ژاپن»، مترجم مهناز ملکی‌معیری، مجلس و پژوهش، سال دوازدهم، شماره ۴۷، ۱۳۸۴.

هالیدی، جان. امپریالیسم ژاپن، مترجم محمدرضا رضاخانی، چاپخش، ۲۵۳۵.

منابع انگلیسی

Abbasi, M & McDonald, P. (2002). *Revolution, war and democratization: population policy and fertility changes in Iran*, Springer. Vol. 19. No. 1.

Abrahamian, E. (2013). *The Coup: 1953, The CIA, and The Roots of Modern U.S.-Iranian Relations.* New York: The New Press.

Afary, J. "Social Democracy and the Iranian Constitutional Revolution of 1906-11". In Foran, J. (1994). *A Century of Revolution: Social Movements in Iran.* Minneapolis: University of Minnesota Press.

Ali, Tariq. (2002). *The Clash of Fundamentalism: Crusade, Jihads and Modernity*, London: Verso.

Al Nasrawi, A. (1986). "Economic Consequences of the Iran-Iraq War", *Third World Quarterly.* Vol. 8, No. 3.

Asgarivash, M. and Pourhamzavi, K. (2019). *Japanese Development and Iranian Uneven Development: A Gramscian Perspective.* International Gramsci Journal. Vol. 3. No. 3.

Aslan, R. (2010). "What We Got Wrong". *Foreign Policy*, Issue 180. No. 2.

Augelli, E and Murphy, C. N. "Gramsci and International Relations: A General Perspective and Example from Recent US Policy toward the Third World". In Gill, S. (1993). *Gramsci, Historical Materialism and International Relations.* (ed). New York: Cambridge University Press.

Barbara G, Holthus and Kristina Iwata-Weickgenannt, (2010). *Contemporary Japan*, Tokyo, Walter de Gruyter.

Bose, T. Ch. (1972). The Superpowers and the Middle East. Bombay: Asia Publishing House.

Chang, Ha-Joon. (2003). Kicking Away the Ladder: Infant Industry Promotion in Historical Perspective, Oxford Development Studies.

Cox, R. (1981). "Social Forces, States and World Orders: Beyond International Relations Theory", *Millennium*, Vol. 10. No. 2, pp 126-155.

Cox, R. (1983). Gramsci, "Hegemony and International Relations: An Essay in Method". *Millennium - Journal of International Studies*. Vol. 12. No. 2.

Cox, R. (1987). Production, Power, and World Order: Social Forces in the Making of History. New York: Columbia University Press.

Cox, R. (2004). "Beyond Empire and Terror: Critical Reflections on the Political Economy of World Order", *New Political Economy*, Vol, 9. No. 3.

Cypher, M, J. (2016). "Hegemony, military power projection and US structural economic interests in the periphery". *The Third World Quarterly*, Vol. 37. No. 5, pp 800-817.

Fleurant, A, at el. (2017). Trends in World Military Expenditure, 2016, SIPRI Fact Sheet.

Frédéric, L. (2002). Japan Encyclopedia. Cambridge: The Belknap Press of Harvard University Press.

Galtung, Johan, (1971). A Structural Theory of Imperialism, International Peace Research Institute, Oslo, University of Oslo.

Gerschenkrin, A, (1962). The Approach to European Industrialisation: Economic Backwardness in Historical Perspective, Cambridge Mass .

Gill, S. (1990). American Hegemony and the Trilateral Commission. New York: Cambridge University Press.

Gordon, A. (2003). A Modern History of Japan: From Tokugawa Times to The Present. New York: Oxford University Press.

Gramsci, A. (1971). Selections from the Prison Notebooks. Hoare, Q and Smith, G. N. (eds). London: Lawrence and Wishart.

Gramsci, A. (1978). *The Return to Freedom in Selections from Political Writ-*

ings 1910-1920. Tr and ed: Hoare, Q. Londen: Lawrence and Wishart.

Hane, M. (2013). *Modern Japan: a historical survey*. ed: Louis G. Perez. Westview Press.

Harris, Kavan. (2013). *The Rise of the Subcontractor State Politics of Pseudo-Privatization in The Islamic Republic of Iran*. J. Middle East Study. Vol: 45.

Harvey, D. (2005). *A Breife History of Neoliberlism*. Oxford University Press.

Kennon, Jacob, (2012). *Democracy in Japan: From Meiji to MacArthur, Volume 20*, https:// preserve.lehigh.edu/cas-lehighreview-vol-20/17.

Khalidi, Rashid. (2004). *Resurrecting Empire*, Boston: Beacon Press.

Landes, D. S. (1998). *The Wealth and Poverty of Nations: Why Some Are So Rich and Some So Poor*. New York: W.W. North.

Landler, M. (2018). "Trump Abandons Iran Nuclear Deal He Long Scorned". (*The New York Times*), Retrieved, 12/09/2018, from: https://www.nytimes.com/2018/05/08/world/middleeast/trump-iran-nuclear-deal.html

Levine, M. (2005). *Why They Don't Hate Us*, Oxford: Oneworld.

Marcon, M. (2014). "Satō Nobuhiro and the Political Economy of Natural History in Nineteenth-Century Japan", *Japanese Studies*. Vol. 34, No. 3.

Marx. K, Engels. F. (1948). *The Communist Manifesto*. From: Marxists Internet Archiv: www.marxists.org.

Maslow, S. (2018). "Japan's Foreign Policy". In: Hua, SH, editor. *Routledge Handbook of Politics in Asia*. Londen: Routledge.

OECD, Organisation for Economic Co-operation and Development, (2018). https://data.oecd.org/

Panitch, L and Gindin, S. (2012). *The Making of Global Capitalism: The Political Economy of American Empire*. London: Verso.

Rubin, B (2015). *The Middle East: A Guide to Politics, Economics, Society and Culture*. New York: Routledge.

Said, E. (2003). *Orientalism*. London: Penguin Books.

Shultz, J. (2003). "The Water is Ours Dammit". In: *Notes from Nowhere. We*

Are Everywhere: The Irresistible Rise of Global Anti-Capitalism. UK: Verso.

Stearns, P, N, (1993). *The Industrial Revolution in World History*, Boulder, CO: Westview.

Wallerstein, Immanuel. (1979). *The Capitalist World-Economy*. Cambridge: Cambridge University Press.

Uneven development in Iran has been one of the concerns of country's statesmen and intellectuals for the past hundred years. The prevailing view of this uneven development has always attributed the causes of this decline to the culture of the Iranian people.

Development in Japan, on the other hand, has been interpreted as a successful example of the culture of the Japanese people.

This book challenges this 'cultural perspective' and presents a materialist reading of the history of development in Japan and uneven development in Iran.

Marziyeh Asgarivash

Development in Japan and Uneven Development in Iran:

A Critical Comparative Study

Cover Design: Seyed Ramin Seyedi Abandankeshi

Sturnus Verlag

www.sturnus-verlag.de

ISBN: 978-3-946451-26-6

© *2021 Sturnus Verlag*

Marziyeh Asgarivash

Development in Japan
and
Uneven Development in Iran

A Critical Comparative Study

www.sturnus-verlag.de

978-3-946451-26-6